選抜！中国語単語 初級編

沈国威 編

朝日出版社

音声ダウンロード

 音声再生アプリ「リスニング・トレーナー」（無料）

朝日出版社開発のアプリ、「リスニング・トレーナー（リストレ）」を使えば、本書の音声をスマホ、タブレットに簡単にダウンロードできます。どうぞご活用ください。

まずは「リストレ」アプリをダウンロード

❯ App Store はこちら

❯ Google Play はこちら

アプリ【リスニング・トレーナー】の使い方

❶ アプリを開き、「**コンテンツを追加**」をタップ

❷ QRコードをカメラで読み込む

❸ QRコードが読み取れない場合は、画面上部に **01260** を入力し「Done」をタップします

本書の構成と特徴

見出し語：本書は、中国語検定準4級、4級合格のための単語を748語収録しています。内訳は、名詞300語；動詞265語；形容詞118語；副詞65語です。収録語は、過去問の既出語や、使用頻度の高い語から選びました。また、『上級編』の各意味分野からも代表格の語を見出し語に加えました。

類語：見出し語に意味の近い語（≈マーク）、或いは反対の語（⇔マーク）を884語収録しました。同義関係、反義関係の把握によって見出し語の意味と用法が定着しやすくなるだけでなく、さらに上のレベルにスムーズに発展していくことができます。

例文：単語は例文で覚えなければなりません。本書の例文は、自然な中国語を目指しました。また例文は、意味のまとまりで区切りました。単語を用いて、文を構築していく手順を押さえることにより、理解と運用の力が養われます。

ピンイン：本書は、『現代中国語詞典』（商務印書館、第7版）に準拠しています。但しふつうは軽声で発音しますが、場合によっては元の声調で発音する単語については、元の声調で表示することにしました。元の声調でしっかり発音するほうが正確にことばの意味を伝えられるからです。

　本書は、単語同士の関係を示し、緩やかな難易度傾斜と＋αの原則を貫きました。「＋αの原則」とは、目指す目標より少し高めに学習レベルを設定することです。知識の習得には、適度なプレッシャーが必要です。豊富な内容は、語彙学習の成功を保証してくれます。

編者

目　次

本書で使用している記号

準4 ：中検準4級語彙

4 ：中検4級語彙

≈ ：同義語・類義語

⇔ ：反意語

◇ ：関連語

本　編

名詞

🔊 1

001 準4
ài hào
爱好
趣味
≈ 兴趣；喜好
xìngqù；xǐhào

Tiánzhōng, nǐ de àihào shì shénme?
田中，你的爱好 是什么？
田中さん、あなたの趣味はなんですか。

002 4
ài qíng
爱情
愛情
≈ 爱；感情
ài；gǎnqíng

Zhè shì yí ge měilì de àiqíng gùshi.
这是 一个美丽的 爱情故事。
これは美しいラブストーリーです。

003 4
ài ren
爱人
妻または夫
◇ 妻子；丈夫
qīzi；zhàngfu

Nǐ àiren shì zuò shénme gōngzuò de?
你爱人 是 做什么 工作的？
ご主人（奥さん）はどんな仕事をしていますか。

004 準4
bái tiān
白天
昼間
⇔ 夜里
yèli

Xiǎo-Lǐ, míngtiān báitiān nǐ zài jiā ma?
小李，明天白天 你 在家吗？
李さん、明日の昼は家にいますか。

005 準4
bāo
包
バッグ
◇ 书包；提包；钱包
shūbāo；tíbāo；qiánbāo

Wǒ māma zuótiān mǎile yí ge bāo.
我妈妈 昨天 买了 一个包。
母は昨日バッグを買いました。

006 準4
bào zhǐ
报纸
新聞
≈ 报；报刊
bào；bàokān

Wǒ jiā dìngle liǎng fèn bàozhǐ.
我家 订了 两份报纸。
うちは新聞を2紙購読しています。

007 準4
bēi zi
杯子
コップ
◇ 水杯；玻璃杯
shuǐbēi；bōlibēi

Zhuōzishang de bēizi shì nǐ de ma?
桌子上的 杯子 是 你的吗？
テーブルの上のコップはあなたのですか。

008 4
bèi hòu
背后
背後、後ろ
≈ 背面；后面
bèimiàn；hòumiàn

Xiǎo-Lǐ bèihòu de nǚháizi shì shéi?
小李背后的 女孩子 是 谁？
李さんの後ろにいる女の子は誰ですか。

2

009
☐ 4

bèi zi
被子

かけ布団

◇ 棉被
miánbèi

Zhège bèizi yídìng hěn nuǎnhuo.
这个被子 一定 很暖和。

このかけ布団は暖かいに違いない。

010
☐ 準4

běn zi
本子

ノート

≈ 笔记本
bǐjìběn

Wǒ xiǎng mǎi liǎng ge běnzi.
我想买 两个本子。

私はノートを2冊買いたいのですが。

011
☐ 4

bǐ
笔

ペン、筆記具

◇ 铅笔；钢笔
qiānbǐ；gāngbǐ

Zhè zhī bǐ shì wǒ de shēngrì lǐwù.
这支笔 是 我的生日礼物。

このペンは、私の誕生日プレゼントです。

012
☐ 4

bǐ sài
比赛

試合

◇ 球赛
qiúsài

Jīnwǎn yǒu yì chǎng zúqiú bǐsài.
今晚 有 一场足球比赛。

今晩サッカーの試合があります。

013
☐ 準4

biǎo
表

時計

≈ 手表；钟表
shǒubiǎo；zhōngbiǎo

Nǐ de biǎo xiànzài jǐ diǎn le?
你的表 现在 几点了?

あなたの時計は、今何時ですか。

014
☐ 4

bié ren
别人

他人

≈ 旁人；他人
pángrén；tārén

Biéren de shìqing, wǒ bù zhīdào.
别人的事情，我 不知道。

他人のことは、私は知りません。

015
☐ 準4

bìng
病

病気、病

≈ 疾病
jíbìng

Nǐ de bìng hǎo yìdiǎnr le ma?
你的病 好一点儿了吗?

あなたの病気、少しよくなりましたか。

016
☐ 4

bìng rén
病人

病人、患者

≈ 患者；病号
huànzhě；bìnghào

Bìngrén zhōngyú tuōlíle wēixiǎn.
病人 终于 脱离了 危险。

患者はついに危険を脱した。

名詞　動詞　形容詞　副詞

3

017 □ ④
bù
布
≈ 布匹；布料
bùpǐ ; bùliào

Wǒ yào mǎi yí ge bù de bāo.
我要买 一个 布的包。
布のバッグを買いたいのですが。

018 □ ④
cái néng
才能
≈ 才干；才华；本领
cáigàn ; cáihuá ; běnlǐng

Tā hěn yǒu yīnyuè cáinéng.
他 很有 音乐才能。
彼は音楽の才能があります。

019 □ 準④
cài
菜
料理、食材
≈ 菜品；蔬菜
càipǐn ; shūcài

Mápó dòufu shì wǒ zuì xǐhuan de cài.
麻婆豆腐 是 我最喜欢的菜。
麻婆豆腐は私の一番好きな料理です。

020 □ ④
cān tīng
餐厅
レストラン
≈ 饭店；食堂
fàndiàn ; shítáng

Zhè jiā cāntīng de cài hěn hǎochī.
这家餐厅的菜 很好吃。
このレストランの料理は美味しい。

021 □
cāo chǎng
操场
運動場
≈ 运动场
yùndòngchǎng

Xuéshengmen zài cāochǎng zuò tǐcāo.
学生们 在操场 做体操。
学生たちは運動場で体操をします。

022 □ ④
cǎo
草
草
≈ 野草
yěcǎo

Zhè zhǒng cǎo jiào shénme míngzi?
这种草 叫 什么名字？
この草は何という名前ですか。

023 □ 準④
cè suǒ
厕所
トイレ
≈ 卫生间；洗手间
wèishēngjiān ; xǐshǒujiān

Zhè fùjìn yǒu cèsuǒ ma?
这附近 有 厕所吗？
この近くにトイレはありますか。

024 □ 準④
chá
茶
お茶
≈ 茶叶；◇红茶；绿茶
cháyè ; hóngchá ; lǜchá

Zhōngguórén xǐhuan hē chá.
中国人 喜欢 喝茶。
中国人はお茶を飲むのが好きです。

025 ☐ 4
chǎng suǒ
场所
場所
≈ 场地 ; 地方
chǎngdì ; dìfang

Gōnggòng chǎngsuǒ jìnzhǐ xī yān.
公共场所 禁止 吸烟。
公共の場所では禁煙です。

026 ☐ 準4
chē
车
車、車両
◇ 汽车 ; 自行车
qìchē ; zìxíngchē

Zánmen zuò chē qù bówùguǎn ba.
咱们 坐车 去博物馆吧。
私たちは車で博物館へ行きましょう。

027 ☐ 準4
chē zhàn
车站
駅、停留場
◇ 电车站 ; 火车站
diànchēzhàn ; huǒchēzhàn

Qǐngwèn, chēzhàn zěnme zǒu?
请问，车站 怎么走？
すみません、駅へはどう行くのですか。

028 ☐ 準4
chéng jì
成绩
成績
≈ 成果 ; 分数
chéngguǒ ; fēnshù

Dìdi de xuéxí chéngjì yǒu jìnbù le.
弟弟的 学习成绩 有进步了。
弟の成績は上がりました。

029 ☐ 4
chéng shì
城市
都市
≈ 都市 ; 都会
dūshì ; dūhuì

Zhège chéngshì de jiāotōng hěn fāngbiàn.
这个城市的 交通 很方便。
この街は交通の便がとてもよい。

030 ☐ 準4
chuán
船
船
≈ 船只 ; 船舶
chuánzhī ; chuánbó

Qù Xiǎodòudǎo guānguāng xūyào zuò chuán.
去小豆岛 观光 需要坐船。
小豆島を観光するには船に乗る必要がある。

031 ☐ 準4
chuāng hu
窗户
窓
≈ 窗子
chuāngzi

Zhège fángjiān de chuānghu hěn dà.
这个房间的 窗户 很大。
この部屋の窓は大きい。

032 ☐ 準4
chūn tiān
春天
春
◇ 夏天 ; 秋天 ; 冬天
xiàtiān ; qiūtiān ; dōngtiān

Chūntiān dào le, huā dōu kāi le.
春天到了，花都开了。
春が来て、花がすっかり咲きました。

5

■)5

033
□ 準4

cí diǎn
词典

辞書
≈ 辞典；工具书
cídiǎn；gōngjùshū

Wǒ yǒu liǎng běn cídiǎn.
我有 两本词典。
私は辞書を2冊持っています。

034
□ 準4

cí (r)
词(儿)

語、単語
≈ 单词；词汇
dāncí；cíhuì

Wǒ méi xuéguo zhège cí.
我没学过 这个词。
私はこの単語を習ったことがありません。

035
□ 4

dà ren
大人

大人
≈ 成人；成年人
chéngrén；chéngniánrén

Yǒu bù dǒng de shìqing, wèn yíxià dàren.
有不懂的 事情，问一下 大人。
分からないことがあったら、大人に聞きなさい。

036
□ 4

dài fu
大夫

医者
≈ 医生
yīshēng

Lǐ dàifu shuō wǒ de bìng bú yàojǐn.
李大夫 说 我的病 不要紧。
李先生は私の病気は心配ないと言った。

037
□ 準4

dāng shí
当时

当時、その時
≈ 当下
dāngxià

Tā duì dāngshí de qíngkuàng bú tài liǎojiě.
他 对当时的情况 不太 了解。
彼は当時の状況をよく知りませんでした。

038
□ 4

dāo
刀

刀、刃物類
≈ 刀子；刀具
dāozi；dāojù

Wǒ zài chāoshì mǎile yì bǎ dāo.
我在超市 买了 一把刀。
私はスーパーでナイフを買いました。

039
□ 4

dēng
灯

明かり、電灯
≈ 电灯；灯具
diàndēng；dēngjù

Zhège fángjiān de dēng tài àn le.
这个 房间的灯 太暗了。
この部屋の明かりは暗すぎます。

040
□ 準4

dì fang
地方

ところ、場所
≈ 地点；场所
dìdiǎn；chǎngsuǒ

Wǒ yǐqián láiguo zhège dìfang.
我 以前 来过 这个地方。
私は以前ここに来たことがある。

041 ④

dì qiú
地球
◇月球
yuèqiú

Dìqiú wéizhe tàiyáng zhuàn.
地球 围着太阳 转。
地球は太陽の周りを回っています。

042 準4

dì tiě
地铁
◇轨道交通
guǐdào jiāotōng

Nàge chéngshì xiànzài hái méiyǒu dìtiě.
那个城市 现在 还没有地铁。
あの町には今のところまだ地下鉄がありません。

043 準4

dì tú
地图
◇交通图
jiāotōngtú

Wǒ xiǎng mǎi yì zhāng Zhōngguó dìtú.
我 想买 一张 中国地图。
私は中国の地図を買いたいです。

044 準4

diàn
电
≈电气
diànqì

Wǒ lǎojiā shí nián qián hái méiyǒu diàn.
我老家 十年前 还 没有电。
私の実家は10年前まで電気が通っていませんでした。

045 ④

diàn chí
电池
電池、バッテリー

Zhàoxiàngjī de diànchí méi diàn le.
照相机的 电池 没电了。
カメラのバッテリーが切れた。

046 準4

diàn huà
电话
電話
电传；电邮
diànchuán ; diànyóu

Wǎnshang wǒ gěi nǐ dǎ diànhuà.
晚上 我给你 打电话。
夜に電話します。

047 準4

diàn nǎo
电脑
コンピューター
≈计算机；PC
jìsuànjī

Gēge xīn mǎile yì tái diànnǎo.
哥哥 新买了 一台电脑。
兄は新しくパソコンを買いました。

048 準4

diàn shì
电视
テレビ
≈电视机
diànshìjī

Wǒ bú tài kàn diànshì.
我 不太看 电视。
私はあまりテレビを見ません。

名詞　動詞　形容詞　副詞

7

049 準4

diàn yǐng
电影

映画
≈ 影片
yǐngpiàn

Wǒ xǐhuan kàn wàiguó diànyǐng.
我 喜欢看 外国 电影。
私は外国の映画を見るのが好きだ。

050 準4

diàn yǐng yuàn
电影院

映画館
◇ 剧院
jùyuàn

Dàxué fùjìn yǒu diànyǐngyuàn ma?
大学附近 有 电影院吗?
大学の近くに映画館はありますか。

051 準4

dōng xi
东 西

もの、物品
≈ 物品
wùpǐn

Jiějie xǐhuan mǎi dōngxi.
姐姐 喜欢 买东西。
姉は買い物が好きです。

052 4

dòng wù
动物

動物
◇ 猫;狗
māo ; gǒu

Shàngyě dòngwùyuánli yǒu hěn duō dòngwù.
上野动物园里 有 很多动物。
上野動物園にはたくさんの動物がいます。

053 4

dòng zuò
动作

動作
≈ 举动;举止
jǔdòng ; jǔzhǐ

Yéye de dòngzuò hěn màn.
爷爷的 动作 很慢。
おじいさんの動作はとても遅い。

054 準4

fàn
饭

ご飯、食事
≈ 饭菜;饮食
fàncài ; yǐnshí

Wǒ yì tiān chī liǎng dùn fàn.
我 一天 吃两顿饭。
私は1日に2回食事をします。

055 準4

fàn diàn
饭店

レストラン、ホテル
≈ 饭馆;宾馆
fànguǎn ; bīnguǎn

Zhè jiā fàndiàn de cài hěn hǎochī.
这家饭店的菜 很好吃。
このレストランの料理はとてもおいしい。

056 4

fāng fǎ
方法

方法、やり方
≈ 办法;法子
bànfǎ ; fǎzi

Tā de xuéxí fāngfǎ hěn kēxué.
他的学习方法 很科学。
彼の学習法はとても科学的です。

057 準4
fāng xiàng
方向
方角、方向
≈ 方位
fāngwèi

Zhège fāngxiàng méi cuò.
这个方向 没错。
この方向は間違ってない。

058 準4
fáng jiān
房间
部屋
≈ 屋子；居室
wūzi ; jūshì

Zhè shì wǒ de fángjiān.
这是 我的房间。
ここは私の部屋です。

059 準4
fáng zi
房子
家、家屋
≈ 房屋；住宅
fángwū ; zhùzhái

Dà chéngshì de fángzi hěn guì.
大城市的房子 很贵。
大都会の家は価格がとても高い。

060 準4
fēi jī
飞机
飛行機
≈ 飞行器
fēixíngqì

Nàr tíngzhe yí jià fēijī.
那儿 停着 一架飞机。
あそこに飛行機が止まっています。

061 4
fèi yòng
费用
費用
≈ 花费；支出
huāfèi ; zhīchū

Zhè cì lǚxíng de fèiyòng tài gāo le.
这次旅行的费用 太高了。
今回の旅行費用は高すぎます。

062 準4
fēng
风
風
◇ 雨；云
yǔ ; yún

Jīntiān yìdiǎnr fēng dōu méiyǒu.
今天 一点儿风 都没有。
今日は風が少しもありません。

063 準4
fù mǔ
父母
両親
≈ 双亲；二老
shuāngqīn ; èrlǎo

Wǒ fùmǔ qùnián dōu tuìxiū le.
我父母 去年 都退休了。
私の両親は二人とも去年退職しました。

064 4
gǎn qíng
感情
感情、気持ち
≈ 情感
qínggǎn

Wǒ hé nǎinai gǎnqíng tèbié hǎo.
我和奶奶 感情 特别好。
私はおばあさんととりわけ仲が良いです。

名詞 動詞 形容詞 副詞

065 ④
gāng cái
刚才
先ほど、今しがた
≈ 方才；适才
fāngcái；shìcái

Wǒ gāngcái kànjiàn tā le.
我刚才 看见他了。
さっき彼を見かけました。

066 準④
gē
歌
歌
≈ 歌曲；歌子
gēqǔ；gēzi

Wǒ gěi dàjiā chàng yì shǒu gē ba.
我给大家 唱一首歌吧。
皆さんに1曲聴いてもらいましょう。

067 ④
gōng jù
工具
工具、道具

Cídiǎn shì wàiyǔ xuéxí de gōngjù.
词典 是 外语学习的 工具。
辞書は外国語学習の道具です。

068 ④
gōng zī
工资
給料、賃金
≈ 薪水；工钱
xīnshuǐ；gōngqian

Wǒmen gōngsī míngtiān fā gōngzī.
我们公司 明天 发工资。
私たちの会社は明日給料が出ます。

069 準④
gōng zuò
工作
仕事、職業
≈ 活儿；职业
huór；zhíyè

Gēge hái méi zhǎodào gōngzuò ne.
哥哥 还没 找到工作呢。
兄はまだ仕事が見つかっていません。

070 準④
gōng sī
公司
会社
≈ 企业
qǐyè

Zhè shì yì jiā hěn yǒumíng de gōngsī.
这是 一家很有名的 公司。
これはとても有名な会社です。

071 準④
gōng yuán
公园
公園
≈ 花园；游乐园
huāyuán；yóulèyuán

Tā měi tiān zǎoshang qù gōngyuán pǎobù.
他 每天早上 去公园 跑步。
彼は毎朝公園へジョギングに行きます。

072 準④
gù shi
故事
物語、お話
≈ 传说；童话
chuánshuō；tónghuà

Yéye zhīdao hěn duō tónghuà gùshi.
爷爷 知道 很多 童话故事。
おじいさんは童話をたくさん知っている。

073 ④
guān xì
关系
関係、原因
≒ 关联；原因
guānlián ; yuányīn

Liǎng guó de guānxì yǐjīng huīfù le.
两国的关系 已经 恢复了。
両国の関係はすでに回復した。

074 ④
guān zhòng
观众
観衆、見物人
≒ 看客
kànkè

Jīntiān guānzhòng zhēn duō!
今天 观众 真多！
今日は観客が本当に多いですね！

075 ④
guāng
光
光、光線
≒ 光线；阳光
guāngxiàn ; yángguāng

Zhège fángjiān de guāng tài àn le.
这个 房间的光 太暗了。
この部屋は暗すぎます。

076 準4
guǎng chǎng
广场
広場
≒ 购物中心
gòuwù zhōngxīn

Wǒ jiā fùjìn yǒu yí ge guǎngchǎng.
我家附近 有一个广场。
我が家の近くに広場があります。

077 ④
guǎng gào
广告
広告
≒ 宣传
xuānchuán

Wǒ gēge zài guǎnggào gōngsī gōngzuò.
我哥哥 在广告公司 工作。
私の兄は広告代理店で働いています。

078 ④
guī mó
规模
規模
≒ 范围
fànwéi

Zhège xuéxiào de guīmó hěn dà.
这个 学校的规模 很大。
この学校は規模がとても大きい。

079 ④
guó jì
国际
国際

Bàba xǐhuan kàn guójì xīnwén.
爸爸 喜欢 看国际新闻。
父は国際ニュースを見るのが好きです。

080 準4
guó jiā
国家
国、国家
≒ 国；国度
guó ; guódù

Liǎng ge guójiā de guānxì hěn hǎo.
两个 国家的关系 很好。
両国の関係はとても良好です。

名詞 動詞 形容詞 副詞

081 ☐ 4	**hǎo chù** 好处	よい点、利益 ≈ 益处；恩情 yìchù；ēnqíng	Xī yān duì shēntǐ méiyǒu hǎochù. 吸烟 对身体 没有 好处。 タバコが体に良いことは何もありません。
082 ☐ 準4	**hé** 河	川 ≈ 河流 héliú	Zhè tiáo héshang yǒu yí zuò qiáo. 这条河上 有一座桥。 この川には橋があります。
083 ☐ 4	**hú** 湖	湖 ≈ 湖泊 húpō	Hú de zhōngxīn yǒu yí ge xiǎo dǎo. 湖的中心 有一个小岛。 湖の中心に小さな島があります。
084 ☐ 準4	**hù zhào** 护照	パスポート ◇签证 qiānzhèng	Qǐng gěi wǒ kàn yíxià nǐ de hùzhào. 请给我 看一下 你的护照。 パスポートを見せてください。
085 ☐ 準4	**huā** 花	花 ≈ 花朵；鲜花 huāduǒ；xiānhuā	Wǒ jiā yuànzili yǒu hěn duō huā. 我家院子里 有很多花。 私の家の庭にはたくさんの花があります。
086 ☐ 準4	**huàr** 画儿	絵 ≈ 图画；绘画 túhuà；huìhuà	Qiángshang yǒu yì zhāng bàba huà de huàr. 墙上 有一张爸爸画的 画儿。 壁に父が描いた絵が1枚掛かっています。
087 ☐ 準4	**huà** 话	話、ことば ≈ 言语；言辞 yányǔ；yáncí	Lǎoshī de huà, nǐ tīngdǒng le ma? 老师的话，你 听懂了吗? 先生の話、分かりましたか。
088 ☐ 4	**huài chù** 坏处	悪いところ、欠点 ≈ 缺点；害处 quēdiǎn；hàichù	Chōu yān、hē jiǔ de huàichù hěn duō. 抽烟、喝酒的 坏处 很多。 タバコとお酒の害は多い。

089 ④
huài rén
坏人
悪人、悪者
≈ 坏蛋；歹徒
huàidàn ; dǎitú

Shìjièshang yǒu hǎorén yě yǒu huàirén.
世界上 有好人 也有坏人。
世の中には良い人もいれば悪い人もいる。

090 準④
huì
会
会議
≈ 会议；大会
huìyì ; dàhuì

Wǒ xiàwǔ yǒu yí ge huì, xiān zǒu le.
我 下午 有一个会，先走了。
私は午後に会議があるので、先に失礼します。

091 準④
huó dòng
活动
行事、イベント
≈ 行动；运动
xíngdòng ; yùndòng

Xiǎo-Lǐ jīngcháng cānjiā zhìyuànzhě huódòng.
小李 经常参加 志愿者活动。
李さんはよくボランティア活動に参加します。

092 準④
huǒ
火
火
≈ 火焰；火苗
huǒyàn ; huǒmiáo

Huǒ de shǐyòng gǎibiànle rénlèi shēnghuó.
火的使用 改变了 人类生活。
火の使用が人間の生活を変えました。

093 準④
huǒ chē
火车
列車
≈ 列车；高铁
lièchē ; gāotiě

Chūnjié wǒ zuò huǒchē huí lǎojiā.
春节 我 坐火车 回老家。
旧正月、私は列車に乗って故郷に帰ります。

094 準④
jī chǎng
机场
空港
≈ 飞机场；空港
fēijīchǎng ; kōnggǎng

Shǒudū guójì jīchǎng yòu dà yòu piàoliang.
首都国际机场 又大 又漂亮。
首都国際空港は大きくて、きれいです。

095 準④
jī huì
机会
機会、チャンス
≈ 机遇；时机
jīyù ; shíjī

Qùnián, wǒ yǒu yí ge qù liúxué de jīhuì.
去年，我 有一个 去留学的机会。
去年、私は留学する機会がありました。

096 ④
jī qì
机器
機械、マシン
≈ 机械
jīxiè

Zhè tái jīqì shì wǒmen zìjǐ zào de.
这台机器 是我们自己造的。
この機械は私たち自身で製造したものだ。

名詞

動詞

形容詞

副詞

13

097 ☐ 4

jī chǔ
基础

基礎、土台
≈ 根本；地基
gēnběn；dìjī

Hànzì zhīshi shì xué Hànyǔ de jīchǔ.
汉字知识 是 学汉语的 基础。
漢字の知識は中国語学習の基礎です。

098 ☐ 4

jì huà
计划

計画、プラン
≈ 规划；设想
guīhuà；shèxiǎng

Tāmen wánchéngle jīnnián de gōngzuò jìhuà.
他们 完成了 今年的工作计划。
彼らは今年の仕事の計画を達成しました。

099 ☐ 4

jì lù
记录

記録、レコード
≈ 记载
jìzǎi

Tā yóuyǒng dǎpòle shìjiè jìlù.
她游泳 打破了 世界纪录。
彼女は水泳で世界記録を破りました。

100 ☐ 4

jì niàn
纪念

記念（品）、形見
≈ 纪念品；念想儿
jìniànpǐn；niànxiangr

Zánmen zhào yì zhāng xiàng zuò jìniàn ba.
咱们 照一张相 做纪念吧。
記念写真を撮りましょう。

101 ☐ 4

jì shù
技术

技術、テクニック
≈ 技能；技巧
jìnéng；jìqiǎo

Zhè xiàng jìshù zài shìjièshang yě hěn xiānjìn.
这项技术 在世界上 也很先进。
この技術は世界でも進んでいます。

102 ☐ 準4

jiā
家

家、家庭
≈ 家庭
jiātíng

Wǒ jiā lí dàxué hěn jìn.
我家 离大学 很近。
私の家は大学にとても近い。

103 ☐ 準4

jiā jù
家具

家具
◇桌子；椅子；床
zhuōzi；yǐzi；chuáng

Zhèxiē shì wǒ xīn mǎi de jiājù.
这些是 我新买的家具。
これらは私が新しく買った家具です。

104 ☐ 準4

jiā xiāng
家乡

ふるさと、故郷
≈ 老家；故乡
lǎojiā；gùxiāng

Zhè shì wǒ jiāxiāng de tèchǎn.
这是我家乡 的 特产。
これは私の故郷の特産品です。

105 ④
jiāng lái
将来
将来、未来
≈ 未来；今后
wèilái；jīnhòu

Nǐ jiānglái xiǎng zuò shénme gōngzuò?
你 将来 想做什么工作？
あなたは将来どんな仕事がしたいですか。

106 準4
jiǎo
脚
足
≈ 脚丫子
jiǎoyāzi

Mèimei de jiǎo hěn dà.
妹妹的脚 很大。
妹は足が大きい。

107 ④
jiǎo dù
角度
角度、視角
≈ 视角
shìjiǎo

Wǒmen yào cóng xīn de jiǎodù kàn wèntí.
我们 要从新的角度 看问题。
我々は新しい角度から問題を見なければなりません。

108 準4
jiào shì
教室
教室
≈ 讲堂
jiǎngtáng

Wǒmen de jiàoshì zài sān lóu.
我们的教室在三楼。
私たちの教室は3階にあります。

109 準4
jiē
街
街、通り
≈ 街道；马路
jiēdào；mǎlù

Zhè tiáo jiē yǒu yì gōnglǐ cháng.
这条街 有一公里 长。
この通りは1キロあります。

110 ④
jié mù
节目
番組、演目
≈ 剧目
jùmù

Xīnnián de diànshì jiémù hěn yǒu yìsi.
新年的电视节目 很有意思。
正月のテレビ番組は面白かったです。

111 準4
jié rì
节日
祝日
≈ 纪念日；佳节
jìniànrì；jiājié

Jiēshang chōngmǎnle jiérì de qìfen.
街上 充满了 节日的气氛。
街は祝日気分に包まれていた。

112 ④
jié guǒ
结果
結果
≈ 结论；下场
jiélùn；xiàchǎng

Nà jiàn shì hái méiyǒu jiéguǒ.
那件事 还没有结果。
例の件はまだ結果が出ていません。

名詞

動詞

形容詞

副詞

113 準4
jīng jì
经济
◇政治 zhèngzhì

Zhège dìqū de jīngjì bú tài hǎo.
这个地区的 经济 不太好。
この地区の経済はあまり良くありません。

114 4
jīng yàn
经验
≈体验；心得 tǐyàn ; xīndé

Tā zuò fānyì de jīngyàn hěn fēngfù.
他 做翻译的经验 很丰富。
彼は通訳の経験が豊富です。

115 4
jīng shén
精神、心
≈心情 xīnqíng

Wǒmen yào jìchéng Àolínpǐkè jīngshén.
我们 要继承 奥林匹克精神。
私たちはオリンピック精神を受け継がなければならない。

116 準4
jiǔ
酒
◇茶；香烟 chá ; xiāngyān

Hē jiǔ duì jiànkāng méiyǒu hǎochù.
喝酒 对健康 没有 好处。
酒は健康によくない。

117 準4
jù zi
文、センテンス
≈语句 yǔjù

Zhège jùzi tài cháng le.
这个句子 太长了。
この文は長すぎます。

118 4
jué dìng
决定
≈决议；结论 juéyì ; jiélùn

Qǐng bǎ zhège juédìng gàosu dàjiā.
请 把这个决定 告诉大家。
この決定をみんなに知らせてください。

119 準4
kā fēi
コーヒー
◇茶；可乐 chá ; kělè

Tā cháng qù kāfēiguǎn hē kāfēi.
他 常去 咖啡馆 喝咖啡。
彼はよく喫茶店へコーヒーを飲みに行きます。

120 4
kǎ
カード
◇信用卡 xìnyòngkǎ

Tā de qiánbāoli yǒu gèzhǒng gèyàng de kǎ.
他的钱包里 有各种各样的 卡。
彼の財布にはいろいろなカードが入っています。

121 ☐ 準4	kǎo shì 考试	試験、テスト ≈ 测验；考查 cèyàn；kǎochá	Míngtiān de kǎoshì nǐ zhǔnbèihǎo le ma? 明天的考试 你 准备好了吗? 明日のテスト、準備はちゃんとできましたか。
122 ☐ 準4	kè 课	授業 ≈ 课程 kèchéng	Wǒ měi zhōu yǒu bā jié Hànyǔ kè. 我 每周 有八节汉语课。 私は毎週8コマ中国語の授業があります。
123 ☐ 準4	kè rén 客人	客 ≈ 宾客；来宾 bīnkè；láibīn	Māma zhèngzài zhāodài kèrén. 妈妈 正在 招待客人。 母はお客さんを接待しています。
124 ☐ 準4	kùn nan 困难	困難 ≈ 难处；苦难 nánchù；kǔnàn	Wǒmen bù néng pà kùnnan. 我们 不能 怕困难。 我々は困難を恐れてはいけません。
125 ☐ 4	láo dòng 劳动	労働 ≈ 劳务；劳作 láowù；láozuò	Tā cóng xiǎo jiù rè'ài láodòng. 他 从小 就 热爱劳动。 彼は小さい時から労働が好きだった。
126 ☐ 準4	lǎo shī 老师	先生；教師 ≈ 教师；教员 jiàoshī；jiàoyuán	Lǐ lǎoshī shì zhōngxué de Yīngyǔ lǎoshī. 李老师 是 中学的 英语老师。 李先生は中学校の英語の先生です。
127 ☐ 準4	lǐ wù 礼物	贈り物、プレゼント ≈ 礼品 lǐpǐn	Wǒ gěi mǔqin mǎile yí ge shēngrì lǐwù. 我 给母亲 买了 一个生日礼物。 私は母に誕生日プレゼントを買いました。
128 ☐ 4	lǐ xiǎng 理想	理想 ≈ 抱负；梦想 bàofù；mèngxiǎng	Wǒ de lǐxiǎng shì zuò yì míng jiàoshī. 我的理想 是 做一名教师。 私の理想は教師になることです。

名詞

動詞

形容詞

副詞

129 ④
lǐ yóu
理由
理由、言い訳
≈ 原因；借口
yuányīn ; jièkǒu

Nǐ zhèyàng zuò de lǐyóu shì shénme?
你 这样做的理由 是什么？
このようにする理由は何ですか。

130 ④
lì liàng
力量
力、体力
≈ 力气；劲儿
lìqi ; jìnr

Tā shēntǐ hěn bàng, lìliàng yě dà.
他身体 很棒，力量 也大。
彼は体が丈夫だし、力も強い。

131 準④
lì shǐ
历史
歴史
≈ 往事
wǎngshì

Bàba zài dàxué jiāo lìshǐ.
爸爸 在大学 教历史。
父は大学で歴史を教えています。

132 ④
lì zi
例子
例
≈ 事例；比方
shìlì ; bǐfang

Nǐ jǔ ge lìzi shuōmíng yíxià ba.
你 举个例子 说明一下吧。
例を挙げて説明してください。

133 準④
liǎn
脸
顔
≈ 脸庞；面部
liǎnpáng ; miànbù

Nǐ xǐ liǎn le ma?
你 洗脸了吗？
あなたは顔を洗いましたか。

134 ④
lǐng dǎo
领导
ボス、リーダー
≈ 上司；老板
shàngsi ; lǎobǎn

Tā shì wǒmen gōngsī de lǐngdǎo.
他是 我们公司的 领导。
彼は私たちの会社のリーダーです。

135 ④
lóu
楼
ビル
≈ 楼房；大楼
lóufáng ; dàlóu

Yínháng zài nà zuò lóu de hòumiàn.
银行 在 那座楼的 后面。
銀行はあのビルの後ろにあります。

136 準④
lù
路
道
≈ 道路；马路
dàolù ; mǎlù

Zhè tiáo lù hěn kuān.
这条路 很宽。
この道はとても広いです。

137 ④
lù kǒu
路口

交差点

≈ 街口；十字路口
jiēkǒu ; shízì lùkǒu

Wǒ zài qiánmiàn de lùkǒu děng nǐ.
我 在前面的路口 等你。

私は前の交差点で待っています。

138 ④
měi shù
美术

美術

◇ 艺术
yìshù

Tā zài měishù fāngmiàn hěn yǒu cáinéng.
他 在美术方面 很有才能。

彼はとても美術の才能があります。

139 ④
miàn
面

麺類、そば

≈ 面条
miàntiáo

Wǒ xǐhuan chī miàn.
我 喜欢 吃面。

私は麺類が好きです。

140 ④
míng dān
名单

名簿、リスト

≈ 名册；一览表
míngcè ; yìlǎnbiǎo

Zhè shì cānjiā bǐsài de rén de míngdān.
这是 参加比赛的人的 名单。

これは試合に参加する人のリストです。

141 準4
míng zi
名字

名前

≈ 名；姓名
míng ; xìngmíng

Qǐngwèn, nǐ jiào shénme míngzi?
请问，你 叫 什么名字？

すみません、名前は何と言うのですか。

142 ④
mìng yùn
命运

運命

≈ 命；气数
mìng ; qìshu

Wǒ bù xiāngxìn mìngyùn.
我 不相信 命运。

私は運命を信じません。

143 ④
mù dì
目的

目的

≈ 目标；意图
mùbiāo ; yìtú

Nǐ xuéxí wàiyǔ de mùdì shì shénme?
你 学习外语的 目的 是什么？

外国語を勉強する目的は何ですか。

144 ④
mù qián
目前

現在、目下

≈ 当前；眼下
dāngqián ; yǎnxià

Mùqián hái méiyǒu hǎo bànfǎ.
目前 还没有 好办法。

今はまだ良い方法がありません。

145 ④

mù tou

木头

木材

≈ 木材；木料
mùcái ; mùliào

Zhè zhāng zhuōzi shì yòng mùtou zuò de.

这张桌子 是 用木头做的。

このテーブルは木製です。

146 ④

nèi róng

内容

内容；コンテンツ

≈ 情节
qíngjié

Lǐ lǎoshī de xīnshū nèiróng shífēn fēngfù.

李老师的新书 内容 十分丰富。

李先生の新著は内容が非常に豊富です。

147 ④

néng lì

能力

能力

≈ 能耐；本领
néngnai ; běnlǐng

Tā shēnghuó nénglì hěn qiáng.

他生活 能力 很强。

彼は生活能力が高い。

148 ④

nián dài

年代

年代、時代

≈ 时代；时期
shídài ; shíqī

Zhè fú huàr niándài hěn jiǔyuǎn.

这幅画儿 年代 很久远。

この絵は年代がとても古い。

149 準④

nián jí

年级

学級

≈ 学年
xuénián

Tā shì dàxué jǐ niánjí de xuésheng?

他 是 大学几年级的 学生？

彼は、大学何年生ですか。

150 準④

nián líng

年龄

年齢

≈ 年纪；岁数
niánjì ; suìshu

Nǐ yéye duō dà niánlíng le?

你爷爷 多大 年龄了？

あなたのおじいさんはおいくつですか。

151 ④

nóng cūn

农村

田舎、農村

≈ 乡村；乡下
xiāngcūn ; xiāngxia

Wǒ yéye nǎinai zhùzài nóngcūn.

我爷爷奶奶 住在 农村。

私の祖父母は田舎に住んでいます。

152 準④

páng biān

旁边

そば

≈ 一旁；边上
yìpáng ; biānshang

Chēzhàn pángbiān yǒu yì jiā biànlìdiàn.

车站旁边 有一家 便利店。

駅のそばにコンビニが1軒あります。

153
準4

péng you
朋友

友達、友人

≈ 友人；好友
yǒurén ; hǎoyǒu

Tā shì wǒ de hǎo péngyou.
他 是 我的好朋友。

彼は私の親友です。

154
準4

piào
票

切符、チケット

≈ 入場券
rùchǎngquàn

Wǒ yǒu sān zhāng jīnwǎn yīnyuèhuì de piào.
我 有三张 今晚 音乐会的票。

今晩の音楽会のチケットを3枚持っています。

155
4

píng shí
平时

普段、平日

≈ 平常；平日
píngcháng ; píngrì

Wǒ píngshí zǎoshang liù diǎn qǐchuáng.
我平时 早上六点 起床。

私はふだん朝6時に起きます。

156
準4

píng zi
瓶子

瓶、ボトル

Zhège píngzili shì jiàngyóu.
这个瓶子里 是 酱油。

この瓶には醤油が入っています。

157
4

qì hòu
气候

気候

≈ 天气；气象
tiānqì ; qìxiàng

Wǒ lǎojiā de qìhòu hěn nuǎnhuo.
我老家的 气候 很暖和。

私の故郷の気候はとても温かいです。

158
準4

qián
钱

お金

≈ 钞票；现金
chāopiào ; xiànjīn

Qù Běijīng de fēijīpiào duōshao qián?
去北京的 飞机票 多少钱?

北京行きの航空券はいくらですか。

159
準4

qián bāo
钱包

財布

Wǒ de qiánbāo bú jiàn le.
我的钱包 不见了。

私の財布がなくなりました。

160
準4

qiáng
墙

壁

≈ 墙壁；壁垒
qiángbì ; bìlěi

Qiángshang guàzhe yì zhāng shìjiè dìtú.
墙上 挂着 一张世界地图。

壁に世界地図が掛けてあります。

161 準4
qiáo
桥
橋
≈ 桥梁；大桥
qiáoliáng ; dàqiáo

Nà zuò qiáo shì xīn jiàn de.
那座桥 是新建的。
その橋は新しく作られました。

162 4
qíng kuàng
情况
状況
≈ 情形；状态
qíngxíng ; zhuàngtài

Jīnnián jīngjì qíngkuàng hǎozhuǎn le.
今年 经济情况 好转了。
今年、経済状態が好転した。

163 4
quē diǎn
缺点
欠点
≈ 不足；弱点
bùzú ; ruòdiǎn

Měi ge rén dōu yǒu quēdiǎn.
每个人 都有 缺点。
誰にも欠点がある。

164 準4
rén
人
人
◇老人；青年；孩子
lǎorén ; qīngnián ; háizi

Rén shì huì shuōhuà de dòngwù.
人是 会说话的 动物。
人は話すことができる動物です。

165 4
rén cái
人才
人材、エリート
≈ 精英；英才
jīngyīng ; yīngcái

Wǒmen yào àixī réncái.
我们 要爱惜 人才。
我々は人材を大切にしなければなりません。

166 4
rèn wu
任务
任務、仕事
≈ 工作；责任
gōngzuò ; zérèn

Xǐ yīfu shì wǒ de rènwu.
洗衣服 是 我的任务。
洗濯は私の仕事です。

167 4
rìzi
日子
期日、日取り
≈ 日期
rìqī

Jīntiān shì shénme rìzi?
今天 是什么 日子?
今日は何の日ですか。

168 準4
ròu
肉
肉
◇鱼；蔬菜
yú ; shūcài

Tā bù xǐhuan chī ròu.
她 不喜欢 吃肉。
彼女は肉が好きではありません。

169 準4
sǎn
伞

伞
≈ 雨伞
　yǔsǎn

Xiàwǔ yǒu yǔ, bié wàngle dài sǎn.
下午 有雨，别忘了 带伞。
午後は雨だから、傘を忘れないで持って行って。

170 準4
shān
山

山
≈ 山岳；山脉
　shānyuè；shānmài

Wǒ jiā hòumiàn yǒu yí zuò shān.
我家后面 有一座山。
私の家の裏には山があります。

171 4
shāng
伤

けが、傷
≈ 伤口；创伤
　shāngkǒu；chuāngshāng

Tā chūle jiāotōng shìgù, shāng hěn zhòng.
他 出了 交通事故，伤 很重。
彼は交通事故に遭って、ひどいけがをしました。

172 準4
shāng diàn
商店

店、ショップ
◇ 便利店；超市
　biànlìdiàn；chāoshì

Wǒ jiā fùjìn yǒu hǎo jǐ jiā shāngdiàn.
我 家附近 有 好几家 商店。
私の家の近くには店が何軒もあります。

173 4
shāng pǐn
商品

商品
≈ 货；产品
　huò；chǎnpǐn

Zhège shāngpǐn de zhìliàng bú tài hǎo.
这个商品的 质量 不太好。
この商品の品質はあまり良くありません。

174 準4
shàng wǔ
上午

午前
≈ 午前
　wǔqián

Nǐ míngtiān shàngwǔ néng lái ma?
你 明天上午 能 来吗?
明日の午前中、来てもらえますか。

175 準4
shào nián
少年

少年
◇ 少男；少女
　shàonán；shàonǚ

Wǒ shàonián shídài zhùzài Běijīng.
我 少年时代 住在 北京。
私は少年時代、北京に住んでいました。

176 準4
shè huì
社会

社会
≈ 江湖
　jiānghú

Wǒmen de shèhuì hái yǒu hěn duō wèntí.
我们的社会 还有 很多问题。
私たちの社会にはまだ多くの問題があります。

名詞

動詞

形容詞

副詞

177
準4

shēn tǐ
身体

体
≈ 身子；身躯
shēnzi ; shēnqū

Yéye de shēntǐ hěn jiànkāng.
爷爷的身体 很 健康。
おじいさんの体はとても健康です。

178
準4

shēng huó
生活

生活
≈ 日子；小日子
rìzi ;　xiǎorìzi

Tā de shēnghuó hěn yǒu guīlǜ.
他的生活 很 有 规律。
彼の生活は規則正しい。

179
4

shēng mìng
生命

生命、命
≈ 命；性命
mìng ; xìngmìng

Wǒmen yào àixī shēngmìng.
我们 要 爱惜 生命。
私たちは命を大切にしなければなりません。

180
準4

shēng rì
生日

誕生日
≈ 生辰；诞辰
shēngchén ; dànchén

Míngtiān shì wǒ de shēngrì.
明天 是 我的生日。
明日は私の誕生日です。

181
準4

shēng yīn
声音

声、物音
≈ 声响；响动
shēngxiǎng ; xiǎngdòng

Tā de shēngyīn hěn hǎotīng.
她的声音 很 好听。
彼女の声はとてもきれいです。

182
準4

shí pǐn
食品

食べ物
◇ 面包；点心
miànbāo ; diǎnxin

Nǎinai xǐhuan chī qīngdàn de shípǐn.
奶奶 喜欢 吃 清淡的食品。
おばあさんはあっさりした食べ物が好きです。

183
準4

shí hou
时候

時刻
≈ 时刻；时间
shíkè ; shíjiān

Wǒmen shénme shíhou néng zài jiànmiàn?
我们 什么时候 能 再见面？
いつまたお会いできますか。

184
準4

shí jiān
时间

時間
≈ 时刻；时光
shíkè ; shíguāng

Wǒ jīntiān méiyǒu shíjiān.
我 今天 没有 时间。
私は今日、時間がありません。

185 準4

shì jiè
世界

世界、領域
≈ 天下；领域
tiānxià；lǐngyù

Jiānglái wǒ xiǎng zhōuyóu shìjiè.
将来 我 想周游 世界。
将来、私は世界を回ってみたいです。

186 4

shì chǎng
市场

市場、売れ行き
≈ 集市
jíshì

Māma qù shìchǎng mǎi cài le.
妈妈 去市场 买菜了。
母は市場へ買い物に行きました。

187 4

shì jiàn
事件

事件
≈ 事变；风波
shìbiàn；fēngbō

Zhè shì yì qǐ kǒngbù shìjiàn.
这是 一起 恐怖事件。
これはテロ事件です。

188 準4

shì qing
事情

事
≈ 事儿；事例
shìr；shìlì

Nǐ yǒu shìqing dehuà, gěi wǒ dǎ diànhuà ba.
你 有事情的话，给 我 打电话吧。
用事があったら電話してください。

189 4

shì shí
事实

事実
≈ 实情；真相
shíqíng；zhēnxiàng

Shéi yě bù néng gǎibiàn shìshí.
谁也 不能 改变 事实。
誰も事実を変えることはできません。

190 4

shōu rù
收入

収入
≈ 收益；所得
shōuyì；suǒdé

Nóngmín de shōurù zēngjiā le.
农民的 收入 增加了。
農民の収入は増えました。

191 準4

shǒu
手

手
◇ 手指；手掌
shǒuzhǐ；shǒuzhǎng

Měi ge rén dōu yǒu liǎng zhī shǒu.
每个人 都有 两只手。
人には両手があります。

192 準4

shǒu jī
手机

携帯電話
≈ 电话
diànhuà

Wǒ de shǒujī méi diàn le.
我的手机 没电了。
私の携帯の電池が切れました。

25

193 ☐ ④	shǒu juàn 手绢	ハンカチ ≈ 手帕;手巾 shǒupà;shǒujīn	Nǐ dài shǒujuàn le ma? 你 带 手绢 了吗? ハンカチを持っていますか。
194 ☐ ④	shǒu tào 手套	手袋 ◇袜子 wàzi	Zhè fù shǒutào duōshao qián? 这副手套 多少钱? この手袋はいくらですか。
195 ☐ ④	shǒu xù 手续	手続き ≈ 程序;步骤 chéngxù;bùzhòu	Zài nǎr bàn shǒuxù? 在哪儿 办手续? どこで手続きをするのですか。
196 ☐ 準④	shū 书	本 ≈ 图书;书籍 túshū;shūjí	Wǒ zài shūdiàn mǎile liǎng běn shū. 我 在书店 买了 两本书。 私は本屋で本を2冊買いました。
197 ☐ 準④	shǔ jià 暑假	夏休み ◇寒假;假期 hánjià;jiàqī	Zhège shǔjià wǒ yào qù Zhōngguó lǚxíng. 这个暑假 我要去中国旅行。 この夏休みは中国へ旅行に行きたいです。
198 ☐ 準④	shù 树	木 ≈ 树木 shùmù	Jīnnián chūntiān wǒmen zhòngle shí kē shù. 今年春天 我们 种了 十棵树。 今年の春に私たちは10本の木を植えた。
199 ☐ ④	shù liàng 数量	数 ≈ 数;数目;数额 shù;shùmù;shù'é	Yīyuàn bìngrén de shùliàng dà zēng. 医院病人的 数量 大增。 病院では患者の数が大幅に増加した。
200 ☐ 準④	shuǐ 水	水 ≈ 水分 shuǐfèn	Wǒ xiǎng hē yìdiǎnr shuǐ. 我 想喝 一点儿水。 私は水が少し飲みたい。

201 準4

shuǐ guǒ
水果

果物

◇苹果；梨；西瓜
píngguǒ ; lí ; xīguā

Zhè zhǒng shuǐguǒ tèbié hǎochī.
这种水果 特别 好吃。

この果物は特に美味しいです。

202 4

shuǐ píng
水平

レベル、水準

≈水准；档次
shuǐzhǔn ; dàngcì

Tā de fānyì shuǐpíng hěn gāo.
他的 翻译水平 很高。

彼の翻訳レベルは高い。

203 4

sī xiǎng
思想

思想

≈思维；想法
sīwéi ; xiǎngfǎ

Yǔyán shì biǎodá sīxiǎng de gōngjù.
语言 是 表达思想的 工具。

ことばは、思想を表す道具です。

204 準4

sù shè
宿舍

寮、宿舍

≈寝室
qǐnshì

Xiǎo-Lǐ xiànzài zài sùshè ne.
小李 现在 在宿舍呢。

李さんは今、寮にいますよ。

205 4

tài dù
态度

態度

≈情态；看法
qíngtài ; kànfǎ

Háizimen de xuéxí tàidù hěn rènzhēn.
孩子们的 学习态度 很认真。

子供たちの学習態度はまじめです。

206 準4

tài yáng
太阳

太陽

≈日头
ritou

Tàiyáng yǐjīng shēngqǐlái le.
太阳 已经 升起来了。

太陽はもう昇りました。

207 準4

táng
糖

飴、砂糖

≈糖果；砂糖
tángguǒ ; shātáng

Xiǎoháir dōu xǐhuan chī táng.
小孩儿 都喜欢 吃糖。

子供はみなキャンディが好きです。

208 4

tè diǎn
特点

特徴

≈特色；特征
tèsè ; tèzhēng

Chéngshí shì tā de tèdiǎn.
诚实 是 他的特点。

誠実さが彼の特徴です。

名詞 動詞 形容詞 副詞

209 ④
tǐ huì
体会
体得、理解
≈ 体验；心得
tǐyàn ; xīndé

Nǐ néng shuōshuo liúxué de tǐhuì ma?
你 能 说说 留学的体会吗？
あなたの留学体験をちょっと話してくれませんか。

210 準4
tiān qì
天气
天気；気候
≈ 气候
qìhòu

Zuìjìn yì xīngqī tiānqì dōu bú tài hǎo.
最近一星期 天气 都不太好。
ここ1週間、天気はあまりよくありません。

211 ④
tiáo jiàn
条件
条件、要求
≈ 因素；要求
yīnsù ; yāoqiú

Zhèlǐ de zìrán tiáojiàn hěn bù hǎo.
这里的自然条件 很不好。
ここの自然条件はとても悪い。

212 ④
tōng zhī
通知
通知
≈ 公告；通告
gōnggào ; tōnggào

Gēge shōudàole dàxué de rùxué tōngzhī.
哥哥 收到了 大学的 入学通知。
兄は大学の入学通知を受け取りました。

213 ④
tóng shì
同事
同僚
≈ 同僚
tóngliáo

Tā shì wǒ de tóngshì.
她 是 我的同事。
彼女は私の同僚です。

214 準4
tóng xué
同学
クラスメート
≈ 同窗；学友
tóngchuāng ; xuéyǒu

Tā shì wǒ de xiǎoxué tóngxué.
他 是 我的小学同学。
彼は私の小学校の同級生です。

215 準4
tóu
头
頭
≈ 脑袋；头发
nǎodai ; tóufa

Wǒ gǎnmào le, tóu hěn téng.
我 感冒了，头 很疼。
私は風邪をひいて、頭が痛い。

216 準4
tú
图
図、写真
≈ 图画；图像
túhuà ; túxiàng

Nǐ gěi wǒ huà yì zhāng tú ba.
你给我 画 一张图 吧。
私に絵を1枚描いてください。

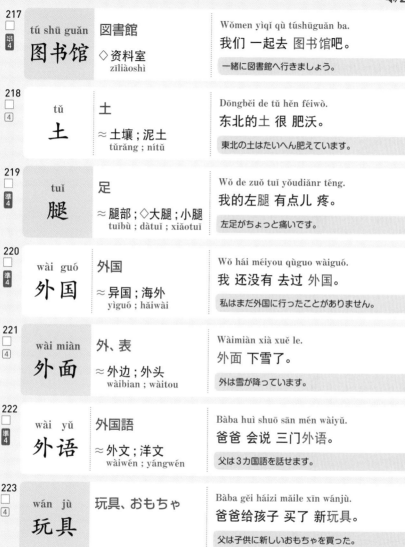

🔊 28

217
□ 絵4
tú shū guǎn
图书馆

図書館
◇资料室
　　zīliàoshì

Wǒmen yìqǐ qù túshūguǎn ba.
我们 一起去 图书馆吧。

一緒に図書館へ行きましょう。

218
□ 4
tǔ
土

土
≈ 土壤 ; 泥土
　tǔrǎng ; nítǔ

Dōngběi de tǔ hěn féiwò.
东北的土 很 肥沃。

東北の土はたいへん肥えています。

219
□ 準4
tuǐ
腿

足
≈ 腿部 ; ◇大腿 ; 小腿
　tuǐbù ; dàtuǐ ; xiǎotuǐ

Wǒ de zuǒ tuǐ yǒudiǎnr téng.
我的左腿 有点儿 疼。

左足がちょっと痛いです。

220
□ 準4
wài guó
外国

外国
≈ 异国 ; 海外
　yìguó ; hǎiwài

Wǒ hái méiyou qùguo wàiguó.
我 还没有 去过 外国。

私はまだ外国に行ったことがありません。

221
□ 4
wài miàn
外面

外、表
≈ 外边 ; 外头
　wàibian ; wàitou

Wàimiàn xià xuě le.
外面 下雪了。

外は雪が降っています。

222
□ 準4
wài yǔ
外语

外国語
≈ 外文 ; 洋文
　wàiwén ; yángwén

Bàba huì shuō sān mén wàiyǔ.
爸爸 会说 三门外语。

父は3カ国語を話せます。

223
□ 4
wán jù
玩具

玩具、おもちゃ

Bàba gěi háizi mǎile xīn wánjù.
爸爸给孩子 买了 新玩具。

父は子供に新しいおもちゃを買った。

224
□ 準4
wǎng
网

網、インターネット
≈ 互联网
　hùliánwǎng

Māma huì zài wǎngshang mǎi dōngxi le.
妈妈 会 在网上 买东西了。

母はネットで買い物ができるようになりました。

名詞

動詞

形容詞

副詞

29

225 準4
wèi dào
味道
味
≈ 味儿；情趣
wèir；qíngqù

Zhège cài wèidào hěn hǎo.
这个菜 味道 很好。
この料理は味が良い。

226 4
wēn dù
温度
温度
≈ 气温；热度
qìwēn；rèdù

Fángjiānli de wēndù tài dī le.
房间里的温度 太低了。
部屋の温度は低すぎます。

227 準4
wén huà
文化
文化、教養
≈ 知识；学问
zhīshi；xuéwen

Wǒ duì wàiguó wénhuà gǎn xìngqù.
我 对外国文化 感兴趣。
私は外国の文化に興味があります。

228 準4
wén zhāng
文章
文章
≈ 稿子
gǎozi

Zhè piān wénzhāng hěn yǒu yìsi.
这篇文章 很 有意思。
この文章はとてもおもしろい。

229 準4
wèn tí
问题
問題、疑問
≈ 题目；毛病
tímù；máobìng

Zhège wèntí yǒudiǎnr nán.
这个问题 有点儿 难。
この問題はちょっと難しい。

230 4
xī wàng
希望
希望
≈ 愿望；梦想
yuànwàng；mèngxiǎng

Tā dāngxuǎn de xīwàng pòmiè le.
他当选的 希望 破灭了。
彼の当選の望みは水泡に帰した。

231 4
xí guàn
习惯
習慣
≈ 习气；风俗
xíqì；fēngsú

Zhège xíguàn bú tài hǎo.
这个习惯 不太好。
この習慣はあまり良くありません。

232 準4
xià wǔ
下午
午後
≈ 午后
wǔhòu

Xiàwǔ wǒ yào qù túshūguǎn.
下午 我 要去 图书馆。
午後、私は図書館に行くつもりです。

233 ☐ ④

xiàn xiàng

现象

≈ 景象；表象
jǐngxiàng；biǎoxiàng

Táifēng shì yì zhǒng zìrán xiànxiàng.
台风 是一种 自然现象。

台風は一種の自然現象である。

---

234 ☐ 準④

xiàn zài

现在

现在、今

≈ 当下；今日
dāngxià；jīnrì

Xiànzài yě yǒu rén shǐyòng suànpán.
现在 也 有人 使用 算盘。

今でもそろばんを使う人がいます。

---

235 ☐ ④

xiǎng fǎ

想法

考え

≈ 念头；心思
niàntou；xīnsi

Nǐ de zhège xiǎngfǎ bú cuò.
你的这个 想法 不错。

あなたのこの考えは悪くないですね。

---

236 ☐ ④

xiāo xi

消息

知らせ、行方

≈ 信息；音信
xìnxī；yīnxìn

Gàosu nǐ yí ge hǎo xiāoxi.
告诉你 一个 好消息。

良い知らせをお伝えします。

---

237 ☐ 準④

xiǎo shí

小时

1時間

≈ 钟头；钟点
zhōngtóu；zhōngdiǎn

Cóng wǒ jiā dào dàxué yào yí ge xiǎoshí.
从我家 到大学 要一个小时。

私の家から大学まで1時間かかります。

---

238 ☐ 準④

xié

鞋

靴

≈ 鞋子
xiézi

Zhè shuāng xié tài guì le.
这双鞋 太贵了。

この靴は（値段が）高すぎます。

---

239 ☐ 準④

xīn qíng

心情

気持ち、気分

≈ 情绪；心绪
qíngxù；xīnxù

Tā jīntiān xīnqíng bú tài hǎo.
她 今天 心情 不太好。

彼女は今日、あまり気分が良くない。

---

240 ☐ 準④

xīn wén

新闻

ニュース

≈ 时事；消息
shíshì；xiāoxi

Bàba měi tiān dōu kàn diànshì xīnwén.
爸爸 每天 都看 电视新闻。

父は毎日テレビのニュースを見ます。

241 準4
xìn
信
手紙
≈ 信件；邮件
xìnjiàn ; yóujiàn

Wǒ shōudàole yì fēng xìn.
我 收到了 一封信。
私は手紙を1通受け取りました。

242 準4
xíng li
行李
荷物
≈ 行装
xíngzhuāng

Wǒ de xíngli bèi yǔ línshī le.
我的行李 被雨 淋湿了。
私の荷物は雨に濡れました。

243 4
xíng wéi
行为
行為
≈ 表现；举止
biǎoxiàn ; jǔzhǐ

Tā de xíngwéi hěn bù lǐmào.
他的行为 很 不礼貌。
彼の行動はとても失礼でした。

244 4
xíng shì
形式
形式
≈ 样式；式样
yàngshì ; shìyàng

Yìshù de xíngshì shì duōzhǒng duōyàng de.
艺术的形式 是 多种多样的。
芸術の形式は多種多様である。

245 4
xíng zhuàng
形状
形
≈ 样子；形态
yàngzi ; xíngtài

Zhè jiàn jiājù xíngzhuàng hěn dútè.
这件家具 形状 很独特。
この家具は独特の形をしています。

246 4
xìng gé
性格
性格
≈ 脾气；个性
píqi ; gèxìng

Tā de xìnggé fēicháng hǎo.
她的性格 非常好。
彼女の性格は非常に良い。

247 準4
xué sheng
学生
学生
≈ 学员；弟子
xuéyuán ; dìzǐ

Tā shì wǒmen xuéxiào de xuésheng.
她 是 我们学校的 学生。
彼女は私たちの学校の学生です。

248 準4
xué xiào
学校
学校
◇ 小学；中学；大学
xiǎoxué ; zhōngxué ; dàxué

Zhè jiùshì wǒmen xuéxiào.
这就是 我们学校。
これが私たちの学校です。

名詞 動詞 形容詞 副詞

249 準4

xuě
雪

雪
≈ 雨；风
　 yǔ ; fēng

Běihǎidào dōngtiān xuě hěn dà.
北海道 冬天 雪 很大。
北海道の冬は雪が多い。

250 4

xuè
血

血
≈ 血液
　 xuèyè

Wǒ bízi chūxuè le.
我 鼻子 出血了。
鼻血が出ました。

251 準4

yān
烟

煙、たばこ
≈ 烟雾；香烟
　 yānwù ; xiāngyān

Chōu yān duì shēntǐ bù hǎo.
抽烟 对身体 不好。
たばこは体に良くない。

252 準4

yán sè
颜色

色
≈ 色；色彩
　 sè ; sècǎi

Zhè jiàn yīfu de yánsè hěn hǎokàn.
这件 衣服的 颜色 很好看。
この服の色はとてもきれいです。

253 準4

yǎn jìng
眼镜

メガネ

Nà wèi dài yǎnjìng de nǚshì shì shéi?
那位 戴眼镜的 女士 是谁？
あのメガネを掛けている女性はどなたですか。

254 準4

yàng zi
样子

形、姿
≈ 样式；形状
　 yàngshì ; xíngzhuàng

Nǐ yīfu de yàngzi zhēn hǎokàn.
你 衣服的样子 真好看。
あなたの服のデザインは本当に素敵です。

255 準4

yào
药

薬
≈ 药品；药物
　 yàopǐn ; yàowù

Zhè zhǒng yào zěnme chī?
这种药 怎么吃？
この薬はどうやって飲むのですか。

256 準4

yè
夜

夜、夜中
≈ 夜里；夜晚
　 yèlǐ ; yèwǎn

Lìdōng yǐhòu yè jiù cháng le.
立冬 以后 夜 就长了。
立冬を過ぎて夜が長くなりました。

257
準4
yī fu
衣服
服
≈ 上衣；裤子；裙子
shàngyī ; kùzi ; qúnzi

Zuótiān wǒ mǎile liǎng jiàn yīfu.
昨天 我 买了 两件衣服。
昨日私は服を2着買いました。

258
準4
yī yuàn
医院
病院
≈ 病院
bìngyuàn

Wǒ bàba zài yīyuàn gōngzuò.
我爸爸 在医院 工作。
私の父は病院で働いています。

259
4
yì jiàn
意见
意見、不満
≈ 见解；看法
jiànjiě ; kànfǎ

Xièxie nǐ de bǎoguì yìjiàn.
谢谢 你的 宝贵意见。
貴重なご意見、ありがとうございます。

260
準4
yì si
意思
意味、意義
≈ 意义；概念
yìyì ; gàiniàn

Zhège cí shì shénme yìsi?
这个词 是什么意思？
この言葉はどういう意味ですか。

261
準4
yīn yuè
音乐
音楽
◇ 摇滚乐
yáogǔnyuè

Wǒ xǐhuan xiàndài yīnyuè.
我 喜欢 现代音乐。
私は現代音楽が好きです。

262
準4
yín háng
银行
銀行
≈ 钱庄
qiánzhuāng

Zhè tiáo jiēshang yǒu liǎng jiā yínháng.
这条街上 有 两家银行。
この通りには銀行が2行あります。

263
準4
yǐn liào
饮料
飲み物
◇ 啤酒；可乐
píjiǔ ; kělè

Nǐ xiǎng hē shénme yǐnliào?
你 想喝 什么饮料？
どんな飲み物を飲みたいですか。

264
4
yǐng xiǎng
影响
影響、評判
≈ 反应；反响
fǎnyìng ; fǎnxiǎng

Zhè jiàn shì de yǐngxiǎng hěn bù hǎo.
这件事的 影响 很不好。
この事件の評判はとても悪い。

265 〔4〕

yōu diǎn

优点

長所

≈ 长处
chángchù

Tā de yōudiǎn shì duì rén rèqíng.

他的优点 是 对人热情。

彼の長所は人に親切なことです。

266 〔4〕

yóu

油

油

≈ 油脂；脂肪
yóuzhī；zhīfáng

Zhège cài yào duō fàng yìdiǎn yóu.

这个菜 要多放一点 油。

この料理には、少し多めに油を入れます。

267 〔準4〕

yóu jú

邮局

郵便局

≈ 邮政局
yóuzhèngjú

Tā qù yóujú mǎi hèniánpiàn le.

他 去邮局 买贺年片了。

彼は郵便局へ年賀状を買いに行った。

268 〔準4〕

yú

鱼

魚

◇ 水产；海鲜
shuǐchǎn；hǎixiān

Zhè zhǒng yú hěn hǎochī.

这种鱼 很好吃。

この魚はおいしいです。

269 〔準4〕

yǔ

雨

雨

≈ 雨水
yǔshuǐ

Yǔ yuè xià yuè dà.

雨 越下 越大。

雨はますます激しくなってきました。

270 〔準4〕

yǔ yán

语言

言語

≈ 言语
yányǔ

Quán shìjiè yǒu sānqiān duō zhǒng yǔyán.

全世界 有 三千多种语言。

世界には3,000以上の言語があります。

271 〔4〕

yuán yīn

原因

原因

≈ 起因；缘故
qǐyīn；yuángù

Zhè cì shìgù de yuányīn shì shénme?

这次事故的 原因 是什么？

今回の事故の原因は何ですか。

272 〔準4〕

yuàn zi

院子

庭

≈ 庭院；院落
tíngyuàn；yuànluò

Yuànzili zhòngzhe hěn duō cài.

院子里 种着 很多菜。

庭にはたくさんの野菜が植えてあります。

273 ④
yuàn wàng
愿望
願望
≈心愿；意愿
xīnyuàn；yìyuàn

Wǒ yǒu yí ge měihǎo de yuànwàng.
我 有 一个 美好的 愿望。
私には素晴らしい願いがあります。

274 準4
yuè liang
月亮
月
≈月球
yuèqiú

Jīntiān yuèliang zhēn měi!
今天 月亮 真美！
今日は月が本当にきれいですね！

275 ④
yuè qì
乐器
楽器
◇钢琴；小提琴
gāngqín；xiǎotíqín

Nǐ huì shénme yuèqì?
你 会 什么 乐器？
あなたはどんな楽器が演奏できますか。

276 準4
zá zhì
杂志
雑誌
◇期刊；画报
qīkān；huàbào

Wǒ jīntiān mǎile yì běn Zhōngwén zázhì.
我今天 买了 一本中文杂志。
私は今日、中国語の雑誌を買いました。

277 準4
zǎo fàn
早饭
朝食
◇午饭；晚饭
wǔfàn；wǎnfàn

Wǒ měi tiān zǎoshang qī diǎn chī zǎofàn.
我 每天早上 七点 吃早饭。
私は毎朝7時に朝食を食べます。

278 準4
zǎo shang
早上
朝
◇中午；晚上
zhōngwǔ；wǎnshang

Yéye měi tiān zǎoshang dōu zuò tǐcāo.
爷爷 每天早上 都做 体操。
おじいさんは毎朝体操をします。

279 準4
zhào piàn
照片
写真
≈相片
xiàngpiàn

Zhè shì yì zhāng jiù zhàopiàn.
这是 一张旧照片。
これは古い写真です。

280 ④
zhào xiàng jī
照相机
カメラ
≈相机
xiàngjī

Zhè bú shì wǒ de zhàoxiàngjī.
这不是 我的照相机。
これは私のカメラではありません。

281 4

zhèng fǔ
政府

政府
≈ 当局 ; 政权
dāngjú ; zhèngquán

Wǒ bàba zài zhèngfǔ bùmén gōngzuò.
我爸爸 在政府部门 工作。

私の父は政府機関で働いています。

---

282 4

zhèng zhì
政治

政治
≈ 时政
shízhèng

Gēge duì zhèngzhì hěn gǎn xìngqù.
哥哥 对政治 很感兴趣。

兄は政治にとても興味があります。

---

283 4

zhī shi
知识

知識
≈ 学问 ; 文化
xuéwen ; wénhuà

Wáng lǎoshī de zhīshi fēicháng fēngfù.
王老师的 知识 非常丰富。

王先生の知識は非常に豊富です。

---

284 4

准4

zhǐ
纸

紙
≈ 纸张
zhǐzhāng

Mèimei zài zhǐshang huàle yì zhī māo.
妹妹 在纸上 画了 一只猫。

妹は紙にネコを1匹描きました。

---

285 4

zhōng cān
中餐

中華料理 ; ランチ
◇ 西餐
xīcān

Wǒ xǐhuan chī zhōngcān.
我 喜欢 吃中餐。

私は中華料理が好きです。

---

286 4

zhōng yāng
中央

真ん中 ; 中央
≈ 中心 ; 中间
zhōngxīn ; zhōngjiān

Fángjiān de zhōngyāng yǒu yí ge shāfā.
房间的中央 有 一个沙发。

部屋の中央にソファーがあります。

---

287 4

zhǒng zi
种子

種、種子
≈ 籽
zǐ

Zhè shì shénme zhǒngzi?
这是 什么种子？

これは何の種ですか。

---

288 4

zhòng diǎn
重点

重点
≈ 重心 ; 关键
zhòngxīn ; guānjiàn

Wèntí de zhòngdiǎn bú zài zhèr.
问题的重点 不在 这儿。

問題の要点はここではありません。

---

289 ☐ ④
zhǔ rén
主人
所有者
≈ 主人翁
zhǔrénwēng

Tā shì zhè jiā shāngdiàn de zhǔrén.
他 是 这家商店的 主人。
彼はこの店の主人です。

290 ☐ ④
zhuān jiā
专家
專門家
≈ 权威；行家
quánwēi；hángjia

Wǒ bàba shì xīnzàngbìng zhuānjiā.
我爸爸 是 心脏病专家。
父は心臓病の專門家です。

291 ☐ 準④
zì
字
字
≈ 文字
wénzì

Zhège zì zěnme niàn?
这个字 怎么念?
この字はどう読むのですか。

292 ☐ ④
zì rán
自然
自然
≈ 大自然
dàzìrán

Zhèli de zìrán huánjìng zhēn hǎo!
这里的 自然环境 真好！
ここの自然環境は本当に素晴らしい！

293 ☐ ④
zì yóu
自由
自由

Rénmín yīnggāi yǒu chōngfèn de zìyóu.
人民 应该有 充分的 自由。
人民には十分な自由があるべきだ。

294 ☐ 準④
zuǐ
嘴
口
≈ 嘴巴
zuǐba

Mèimei zuǐ hěn dà.
妹妹 嘴很大。
妹は口が大きい。

295 ☐ 準④
zuì hòu
最后
最後
≈ 末尾；末了
mòwěi；mòliǎo

Zhè shì nǐ zuìhòu de jīhuì.
这是 你最后的 机会。
これがあなたの最後のチャンスです。

296 ☐ ④
zuì jìn
最近
最近
≈ 近日；日前
jìnrì；rìqián

Bàba zuìjìn gōngzuò hěn máng.
爸爸 最近 工作 很忙。
父は最近仕事がとても忙しいです。

297
☐
準4

zuò yè

作业

宿题

≈ 功课
gōngkè

Wǒ hái méi xiěwán jīntiān de zuòyè.

我 还没写完 今天的作业。

私は今日の宿題がまだ終わっていません。

298
☐
4

zuò yòng

作用

作用

≈ 效果；影响
xiàoguǒ ; yǐngxiǎng

Zhège yào duì gāoxuèyā yǒu zuòyòng ma?

这个药 对高血压 有 作用吗?

この薬は高血圧に効きますか。

299
☐
4

zuò zhě

作者

作者

≈ 笔者；作家
bǐzhě ; zuòjiā

Tā shì zhè běn shū de zuòzhě.

他是 这本书的 作者。

彼はこの本の著者です。

300
☐
4

zuò wèi

坐位

席

≈ 坐席；位子
zuòxí ; wèizi

Zhège zuòwèi yǒu rén ma?

这个坐位 有人吗?

この席は空いていますか。

301 準4
ài
爱
愛する、好む
≈ 爱恋；喜爱
àiliàn ; xǐ'ài

Lǐ xiānsheng hěn ài tā de qīzi.
李先生 很爱 他的妻子。
李さんは妻をとても愛しています。

302 4
ān pái
安排
手配する、処置する
≈ 布置；处理
bùzhì ; chǔlǐ

Nǐ ānpái yíxià míngtiān de rìchéng ba.
你 安排一下 明天的日程吧。
明日のスケジュールを手配してください。

303 4
àn
按
押す、押さえる
≈ 压
yā

Àn zhège jiàn kěyǐ zhuǎnhuàn Hànzì.
按 这个键 可以转换 汉字。
このキーを押せば漢字変換ができます。

304 4
bǎi
摆
置く、陳列する
≈ 摆放；放
bǎifàng ; fàng

Tā de shūjiàshang bǎile hěn duō shū.
他的书架上 摆了 很多书。
彼の本棚にはたくさんの本が並べてあります。

305 準4
bān
搬
運ぶ；引っ越す
≈ 运；搬运
yùn ; bānyùn

Nǐ néng bāng wǒ bān yíxià dōngxi ma?
你 能 帮我 搬一下 东西吗？
荷物を運ぶのを手伝ってくれませんか。

306 準4
bàn
办
する、やる
≈ 办理；做
bànlǐ ; zuò

Nǐ de rùxué shǒuxù bànhǎo le ma?
你的入学手续 办好了吗？
入学手続きは済みましたか。

307 4
bāng
帮
助ける
≈ 帮助；支援
bāngzhù ; zhīyuán

Nǐ néng bāng wǒ yíxià ma?
你 能帮 我 一下吗？
ちょっと手伝ってもらえませんか。

308 準4
bāo
包
包む、囲む
≈ 包装
bāozhuāng

Zhè běn shū qǐng bāo yíxià.
这本 书 请 包一下。
この本を包んでください。

309
☐ 4
bǎo cún
保存
保存する
≈ 存 ; 保管
cún ; bǎoguǎn

Fàndiàn kěyǐ bǎocún xíngli ma?
饭店 可以保存 行李吗?
ホテルで荷物を保管してもらえますか。

310
☐ 4
bǎo hù
保护
守る、保護する
≈ 保卫
bǎowèi

Bǎohù huánjìng shì wǒmen de zérèn.
保护环境 是 我们的责任。
環境を守ることは私たちの責任です。

311
☐ 4
bào
抱
抱く
≈ 拥抱
yōngbào

Bào háizi de māma qǐng zuò zhèli.
抱孩子的妈妈 请坐 这里。
子供を抱いているお母さん、ここに座ってください。

312
☐ 4
bēi
背
背負う
≈ 背负
bēifù

Bàba néng bēi wǔshí gōngjīn de mùtou.
爸爸 能背50公斤的木头。
父は50キロの木材を背負うことができます。

313
☐ 準4
bèi
背
暗唱する
≈ 背诵
bèisòng

Wǒ zuótiān bèile èrshí ge xīn dāncí.
我 昨天 背了20个新单词。
私は昨日、新しい単語を20個覚えました。

314
☐ 準4
bǐ
比
比べる、比較する
≈ 比较
bǐjiào

Nǐ hé dìdi bǐ yíxià shēngāo ba.
你和弟弟 比一下 身高吧。
弟と身長を比べてみなさい。

315
☐ 4
biàn
变
変わる、変化する
≈ 改变 ; 变更
gǎibiàn ; biàngēng

Nǐ yìdiǎnr yě méi biàn.
你 一点儿 也没 变。
君は少しも変わっていません。

316
☐ 4
biǎo dá
表达
表現する
≈ 发表
fābiǎo

Tā néng yòng Hànyǔ biǎodá zìjǐ de yìjiàn.
他 能用 汉语 表达 自己的意见。
彼は中国語で自分の意見を表すことができる。

名詞 動詞 形容詞 副詞

41

317 ④

biǎo shì
表示
≈ 说；表达
shuō ; biǎodá

表す、示す

Tā biǎoshì yídìng yào nǔlì xuéxí.
他 表示 一定要 努力学习。
彼は必ず一生懸命勉強すると言いました。

---

318 ④

biǎo yǎn
表演
≈ 演；演出
yǎn ; yǎnchū

演じる

Háizimen biǎoyǎnle értóng gēqǔ.
孩子们 表演了 儿童歌曲。
子供たちは童謡を披露した。

---

319 準4

biǎo yáng
表扬
≈ 夸；称赞
kuā ; chēngzàn

褒める

Dìdi bèi lǎoshī biǎoyáng le.
弟弟 被老师 表扬了。
弟は先生に褒められました。

---

320 準4

bìng
病
≈ 生病
shēngbìng

病気になる

Nǎinai yòu bìng le.
奶奶 又 病了。
おばあさんはまた病気になりました。

---

321 準4

cā
擦
≈ 擦拭
cāshì

拭く

Zánmen míngtiān cā chuānghu ba.
咱们明天 擦 窗户吧。
明日、窓を拭きましょう。

---

322 準4

cān guān
参观
≈ 观光
guānguāng

参観する

Wǒmen jīntiān cānguānle bówùguǎn.
我们今天 参观了 博物馆。
私たちは今日、博物館を見学しました。

---

323 準4

cān jiā
参加
≈ 加入；出席
jiārù ; chūxí

参加する、出席する

Zuótiān wǒ cānjiāle zhìyuànzhě huódòng.
昨天 我 参加了 志愿者活动。
昨日、ボランティア活動に参加しました。

---

324 準4

chá
查
≈ 检查；调查
jiǎnchá ; diàochá

調べる、検査する

Wǒ xiǎng qù túshūguǎn chá zīliào.
我 想去 图书馆 查资料。
私は図書館に行って、資料を調べたいです。

325 尝 cháng
味わう、味を見る
≈ 品尝 pǐncháng

Nǐ cháng yíxià zhège cài.
你 尝一下 这个菜。
この料理を食べてみてください。

326 唱 chàng
歌う
≈ 歌唱 gēchàng

Tā gěi wǒmen chàngle yì shǒu gē.
她给我们 唱了 一首歌。
彼女は私たちに歌を1曲歌ってくれました。

327 炒 chǎo
炒める
◇ 烧；煮 shāo；zhǔ

Wǒ huì chǎo qīngjiāo ròusī.
我 会炒 青椒肉丝。
私はチンジャオロースが作れます。

328 成 chéng
〜になる
≈ 成为 chéngwéi

Tā yǐjīng chéng jìsuànjī zhuānjiā le.
他 已经 成 计算机专家了。
彼はもうコンピューターの専門家になりました。

329 成功 chéng gōng
成功する
≈ 胜利 shènglì

Diàndòng qìchē de shìyàn chénggōng le.
电动汽车的 试验 成功了。
電気自動車の実験が成功した。

330 成立 chéng lì
創立する
≈ 建立 jiànlì

Zhè jiā gōngsī shì qùnián chénglì de.
这家公司 是 去年 成立的。
この会社は去年創立しました。

331 吃 chī
食べる
≈ 食用 shíyòng

Tā yì tiān zhǐ chī yí dùn fàn.
她一天 只吃 一顿饭。
彼女は1日1食しかご飯を食べません。

332 吃惊 chī jīng
驚く
≈ 惊讶 jīngyà

Tīngle tā de huà, wǒ hěn chījīng.
听了 他的话，我 很 吃惊。
彼の話を聞いて、とてもびっくりしました。

名詞 動詞 形容詞 副詞

43

333 □ 準4	chí dào 迟到	遅刻する ≈ 晚 wǎn	Tā jīntiān shàngkè yòu chídào le. 他 今天上课 又 迟到了。 彼は今日、また授業に遅刻しました。
334 □ 準4	chōu 抽	吸う；引き抜く ≈ 吸；拉 xī；lā	Chōu yān duì shēntǐ bù hǎo. 抽烟 对身体 不好。 タバコは体に良くない。
335 □ 準4	chū 出	出る ⇔ 进 jìn	Bàba jīntiān hěn zǎo jiù chūmén le. 爸爸 今天 很早 就出门了。 父は今日、とても早く出かけました。
336 □ 準4	chū fā 出发	出発する ≈ 动身；走 dòngshēn；zǒu	Zánmen míngtiān bā diǎn cóng xuéxiào chūfā. 咱们 明天八点 从学校 出发。 私たちは明日8時に学校を出発します。
337 □ 準4	chū shēng 出生	生まれる ≈ 诞生 dànshēng	Wǒ mèimei shì jiǔshí niándài chūshēng de. 我妹妹 是 九十年代 出生的。 妹は90年代生まれです。
338 □ 4	chū xiàn 出现	現れる ≈ 产生 chǎnshēng	Xiàwǔ sì diǎn tā zhōngyú chūxiàn le. 下午四点 他终于 出现了。 午後4時、彼はついに現れた。
339 □ 4	chuān 穿	着る、履く ◇ 戴 dài	Sīlì xuéxiào yídìng yào chuān zhìfú ma? 私立学校 一定 要穿 制服吗? 私立学校では必ず制服を着なければいけませんか。
340 □ 準4	chuán 传	伝える、伝授する ≈ 传播；传授 chuánbō；chuánshòu	Wénhuà yíchǎn yào búduàn chuánxiàqù. 文化遗产 要不断 传下去。 文化遺産は絶えず伝えていかなければならない。

341 準4
chuī
吹

吹く
⇔ 吸
xī

Wǒ jiějie huì chuī chángdí.
我 姐姐 会 吹 长笛。
私の姉はフルートが吹けます。

342 4
cún
存

預ける、保存する
≈ 存放 ; 保存
cúnfàng ; bǎocún

Wǒ xiàwǔ yào qù yínháng cún qián.
我 下午 要去银行 存钱。
私は午後、銀行へお金を預けに行くつもりです。

343 準4
dǎ
打

打つ、する
≈ 殴打
ōudǎ

Bù xǔ dǎ rén!
不许 打人!
人を殴ってはいけません!

344 準4
dǎ gōng
打工

アルバイトをする
≈ 工作
gōngzuò

Wǒ zài biànlìdiàn dǎgōng.
我 在便利店 打工。
私は、コンビニでアルバイトをしています。

345 準4
dǎ suàn
打算

計画する
≈ 计划 ; 准备
jìhuà ; zhǔnbèi

Wǒ dǎsuàn shǔjià qù Zhōngguó lǚxíng.
我 打算 暑假 去中国旅行。
私は、夏休みに中国旅行を計画しています。

346 4
dài biǎo
代表

代表する
≈ 代替 ; 象征
dàitì ; xiàngzhēng

Tā de huà dàibiǎole dàjiā de yuànwàng.
他的话 代表了 大家的愿望。
彼の話はみんなの気持ちを表しています。

347 準4
dài
带

持つ
≈ 有 ; 携带
yǒu ; xiédài

Nǐ dài hùzhào le ma?
你 带护照了吗?
パスポートを持っていますか。

348 準4
dài
戴

（装身具などを）付ける
≈ 佩戴
pèidài

Zài shíyànshì yào dài kǒuzhào.
在实验室 要戴 口罩。
実験室ではマスクをしなければなりません。

名詞 / 動詞 / 形容詞 / 副詞

45

349 ☐ ④	dǎo 倒	倒れる ≈ 倒下 dǎoxià	Fēng hěn dà, lùpáng de shù dōu dǎo le. 风 很 大，路旁的树 都 倒 了。 風が強くて、街路樹がすべて倒れました。
350 ☐ 準④	dào 到	到着する ≈ 到达 dàodá	Wǒmen de chē xiànzài dào nǎli le? 我们的车 现在 到哪里 了？ 私たちの車は、いまどこまで来ましたか。
351 ☐ 準④	dào 倒	注ぐ、後退する ≈ 倒退 dàotuì	Qǐng gěi wǒ dào yì bēi chá. 请给我 倒一杯茶。 お茶を1杯注いでいただけますか。
352 ☐ 準④	dé 得	得る ≈ 得到；取得 dédào；qǔdé	Gēge shùxué bǐsài déle dì-yī. 哥哥 数学比赛 得了 第一。 兄は数学のコンクールで一番になりました。
353 ☐ 準④	děng 等	待つ ≈ 等待 děngdài	Duìbuqǐ, qǐng děng wǒ wǔ fēnzhōng. 对不起，请 等我 五分钟。 すみません、5分待ってください。
354 ☐ 準④	diǎn 点	指さす、選ぶ ≈ 指点；选 zhǐdiǎn；xuǎn	Zhè shì càidān, qǐng diǎn cài ba. 这是 菜单，请 点菜吧。 これがメニューです、注文してください。
355 ☐ ④	diào 掉	落ちる、落とす ≈ 下落；丢 xiàluò；diū	Wǒ de qiánbāo diàozài diànchēshang le. 我的钱包 掉在 电车上 了。 私は財布を電車に落としました。
356 ☐ 準④	diū 丢	なくす、捨てる ≈ 丢失 diūshī	Wǒ de shǒujī diū le. 我的手机 丢 了。 私の携帯電話がなくなりました。

357 準4

dǒng

懂

分かる

≈ 明白；理解
míngbai；lǐjiě

Lǎoshī de huà, nǐ dōu dǒng le ma?

老师的话，你 都懂了吗?

先生の話は全部分かりましたか。

---

358 4

dòng

动

触る、動く、感動させる

≈ 碰；触动
pèng；chùdòng

Búyào dòng wǒ zhuōzishang de dōngxi.

不要动 我桌子上的 东西。

私の机の上のものを触らないでください。

---

359 準4

dú

读

読む、朗読する

≈ 阅读；朗读
yuèdú；lǎngdú

Bàba měi tiān zǎoshang dōu dú bàozhǐ.

爸爸 每天早上 都读 报纸。

父は毎朝新聞を読みます。

---

360 準4

è

饿

飢えさせる、
空腹にさせる

≈ 饥饿
jī'è

Tā èzhe dùzi shuì le.

他 饿着 肚子 睡了。

彼はお腹を空かせたまま寝た。

---

361 準4

fā

发

出す、配る

≈ 发送；分发
fāsòng；fēnfā

Wǒ gāngcái gěi tā fāle yí ge diànyóu.

我 刚才 给她 发了一个电邮。

私は先ほど彼女にメールを送りました。

---

362 4

fā shēng

发生

発生する

≈ 产生；出现
chǎnshēng；chūxiàn

Gāngcái qiánmiàn fāshēng jiāotōng shìgù le.

刚才 前面 发生 交通事故了。

先ほど前で交通事故がありました。

---

363 4

fā xiàn

发现

発見する

≈ 发觉
fājué

Wǒ fāxiànle yí ge mìmì.

我 发现了 一个秘密。

私は秘密を1つ見つけました。

---

364 4

fā zhǎn

发展

発展する

≈ 进步；开展
jìnbù；kāizhǎn

Zàochuányè zhèngzài xùnsù fāzhǎn.

造船业 正在迅速 发展。

造船業は急速に発展している。

365 ④
fǎn duì
反对
反対する
≈ 反抗；抗议
　fǎnkàng；kàngyì

Wǒ bù fǎnduì nǐ de jìhuà.
我 不反对 你的计划。
あなたの計画に反対しません。

366 準4
fǎng wèn
访问
訪問する
≈ 拜访；做客
　bàifǎng；zuòkè

Wénhuà dàibiǎotuán fǎngwènle Jīngdū.
文化代表团 访问了 京都。
文化代表団が京都を訪れた。

367 準4
fàng
放
置く、解放する
≈ 放置；解放
　fàngzhì；jiěfàng

Kànwán de shū qǐng fànghuí shūjià.
看完的书 请放回 书架。
読み終わった本は本棚に戻してください。

368 準4
fàng xīn
放心
安心する
≈ 放松
　fàngsōng

Nǐ fàngxīn ba, wǒ yídìng bù chídào.
你放心吧，我 一定 不迟到。
安心してください、私は絶対に遅刻しません。

369 ④
fēi
飞
飛ぶ
≈ 飞行；飞翔
　fēixíng；fēixiáng

Yànzi fēidào nánfāng qù le.
燕子 飞到 南方去了。
ツバメは南の方へ飛んで行きました。

370 ④
fēn
分
分配する、分ける
≈ 分配；区分；分开
　fēnpèi；qūfēn；fēnkāi

Zhèxiē shuǐguǒ, gěi dàjiā fēn yíxià ba.
这些 水果，给大家 分一下吧。
これらの果物をちょっと皆さんに分けてください。

371 ④
fú wù
服务
勤務する
≈ 效劳；工作
　xiàoláo；gōngzuò

Tā zài fàndiàn fúwùle sìshí nián.
他 在饭店 服务了 四十年。
彼は40年間ホテルで働いた。

372 ④
gǎi
改
改める、変える
≈ 改变；变更
　gǎibiàn；biàngēng

Lǐ lǎoshī zài gěi xuéshēng gǎi zuòyè.
李老师 在 给学生 改作业。
李先生は学生の宿題を添削しています。

373 準4
gǎn dào
感到
感じる、思う
≈ 觉得 juéde

Māma duì wǒ de chéngjì gǎndào mǎnyì.
妈妈 对我的成绩 感到满意。
母は私の成績に満足しています。

374 4
gǎn dòng
感动
感動する
≈ 感触；打动 gǎnchù；dǎdòng

Zhè běn xiǎoshuō shēnshēn gǎndòngle wǒ.
这本小说 深深感动了 我。
この小説は私を深く感動させました。

375 準4
gǎn mào
感冒
風邪をひく
≈ 着凉 zháoliáng

Wǒ gǎnmào le, fāshāo, tóuténg.
我 感冒了，发烧，头疼。
私は風邪をひいて、熱があり頭が痛いです。

376 準4
gǎn xiè
感谢
感謝する
≈ 感激 gǎnjī

Tóngxuémen dōu fēicháng gǎnxiè Wú lǎoshī.
同学们 都非常 感谢 吴老师。
学生たちはみな、呉先生に感謝しています。

377 準4
gàn
干
やる、従事する
≈ 做；办 zuò；bàn

Nǐ zài gàn shénme ne?
你 在 干什么呢？
あなたは今、何をしているの。

378 4
gào bié
告别
別れを告げる
≈ 告辞；道别 gàocí；dàobié

Wǒmen zài chēzhàn wòshǒu gàobié le.
我们 在车站 握手告别了。
私たちは駅で握手して別れました。

379 準4
gào su
告诉
告げる、教える
≈ 告知；通知 gàozhī；tōngzhī

Gàosu wǒ nǐ de diànhuà hàomǎ hǎo ma?
告诉我 你的电话号码 好吗？
電話番号を教えてもらえますか。

380 準4
gěi
给
与える、贈る
≈ 送；赠送 sòng；zèngsòng

Bàba gěile wǒ yì běn Zhōng-Rì cídiǎn.
爸爸 给了我 一本中日词典。
父は中日辞典を1冊くれました。

名詞 動詞 形容詞 副詞

381 □ 準4	gōng zuò 工作	仕事をする ≈干活儿；上班 gànhuór；shàngbān	Wǒ gēge zài yīyuàn gōngzuò. 我哥哥 在医院 工作。 兄は病院で働いています。
382 □ 4	gòu 够	足りる ≈足够 zúgòu	Wǒ zhège yuè shēnghuófèi bú gòu le. 我 这个月 生活费不够了。 今月は生活費が足りません。
383 □ 準4	guā fēng 刮风	風が吹く	Běijīng chūntiān cháng guā fēng. 北京 春天 常 刮风。 北京は春になるとよく風が吹く。
384 □ 準4	guà 挂	掛ける ≈悬挂 xuánguà	Qǐng bǎ yīfu guàzài yījiàshang. 请 把衣服 挂在 衣架上。 服をハンガーに掛けてください。
385 □ 準4	guān 关	閉める、 スイッチを切る ≈关闭 guānbì	Xià yǔ le, guān chuānghu ba. 下雨了，关窗户吧。 雨が降ってきたから、窓を閉めてください。
386 □ 4	guān xīn 关心	感心を持つ、 気に掛ける ≈重视；体贴 zhòngshì；tǐtiē	Māma hěn guānxīn wǒ de xuéxí. 妈妈 很关心 我的学习。 母は私の勉強をとても気に掛けています。
387 □ 4	guǎn 管	管理する、担当する ≈管理；负责 guǎnlǐ；fùzé	Nǎge bùmén guǎn zhège wèntí? 哪个部门 管这个问题？ どの部門がこの問題を担当していますか。
388 □ 準4	guàng 逛	見物する ≈游逛 yóuguàng	Míngtiān wǒmen qù guàng shāngdiàn ba. 明天 我们 去逛商店吧。 明日はウインドーショッピングに行きましょう。

389 過

guò

过

通る、暮らす

≈ 通过；度过
tōngguò；dùguò

Huǒchē yǐjīng guò Nánjīng le.

火车 已经 过 南京了。

列車はもう南京を通過しました。

390

hǎn

喊

叫ぶ

≈ 叫；喊叫
jiào；hǎnjiào

Dào zhàn le nǐ hǎn wǒ yì shēng.

到站了你喊我 一声。

駅に着いたら、一声かけてください。

391

hē

喝

飲む

≈ 饮用
yǐnyòng

Yéye měi tiān wǎnfàn dōu hē jiǔ.

爷爷 每天晚饭 都喝酒。

おじいさんは毎晩夕食にお酒を飲みます。

392

huā

花

消費する

≈ 花费；费
huāfèi；fèi

Tā mǎi yīfu huāle hěn duō qián.

她 买衣服 花了 很多钱。

彼女は服を買うのにかなりお金を使った。

393

huà

画

描く

≈ 描绘
miáohuì

Wǒ xǐhuan huà shānshuǐhuà.

我喜欢 画 山水画。

私は山水画を描くのが好きです。

394

huān yíng

欢迎

歓迎する

≈ 迎接；接待
yíngjiē；jiēdài

Huānyíng dàjiā cānjiā wǒmen de huódòng.

欢迎大家 参加 我们的活动。

皆さん、私たちのイベントへようこそ。

395

huán

还

返す

≈ 归还；返还
guīhuán；fǎnhuán

Wǒ mǎshàng yào qù túshūguǎn huán shū.

我 马上 要去图书馆 还书。

私はすぐ図書館へ本を返しに行かなければならない。

396

huàn

换

換える、交換する

≈ 交换；更换
jiāohuàn；gēnghuàn

Wǒ xiǎng huàn rénmínbì.

我 想 换人民币。

私は人民元を両替したいです。

名詞
動詞
形容詞
副詞

397 準4
huí
回
帰る
≈返回
fǎnhuí

Wǒ zuò liù diǎn de diànchē huí jiā.
我 坐 六点的电车 回家。
私は6時の電車で家に帰ります。

398 準4
huí dá
回答
回答する、答える
≈答；回复
dá；huífù

Zhège wèntí méi yǒu rén néng huídá.
这个问题 没有人 能回答。
この問題は誰も答えられません。

399 準4
huí xìn
回信
返信する

Wǒ hěn máng, hái méi gěi tā huíxìn.
我很忙，还没 给他 回信。
忙しくて、まだ彼に返信していません。

400 4
huó
活
生きる
≈生存；生活
shēngcún；shēnghuó

Yú zài shuǐli cái néng huó.
鱼 在水里 才能活。
魚は水の中でしか生きられない。

401 4
huó dòng
活动
体を動かす、運動する
≈动；运动
dòng；yùndòng

Wǒ qù cāochǎng huódòng yíhuìr.
我 去操场 活动一会儿。
私は運動場でちょっと運動してきます。

402 4
jǐ
挤
混む
≈拥挤
yōngjǐ

Yīyuànli jǐmǎnle huànzhě.
医院里 挤满了 患者。
病院は患者でいっぱいです。

403 準4
jì
记
覚える、記録する
≈记得；记录
jìde；jìlù

Jīntiān de kè nǐ jì bǐjì le ma?
今天的课 你 记笔记了吗？
今日の授業はノートを取りましたか。

404 準4
jì
寄
郵送する
≈邮寄
yóujì

Wǒ qù yóujú gěi péngyou jì shū.
我 去邮局 给朋友 寄书。
私は友達に本を送るため、郵便局に行きます。

405 □ ④

jiā
加

足す、加える

≈ 添加；增加
tiānjiā；zēngjiā

Qǐng gěi wǒ jiā yì bēi kāfēi.
请给我 加 一杯咖啡。

コーヒーを1杯追加してください。

---

406 □ ④

jiā qiáng
加强

強化する

≈ 增强；强化
zēngqiáng；qiánghuà

Wǒmen yào jiāqiáng jīchǔ kè de xuéxí.
我们 要加强 基础课的学习。

私たちは基礎科目を強化しなければならない。

---

407 □ ④

jiān chí
坚持

堅持する

≈ 坚守
jiānshǒu

Lǎo-Lǐ bìngle hái jiānchí gōngzuò.
老李 病了 还坚持 工作。

李さんは病気になってもまだ仕事を続けている。

---

408 □ 準4

jiàn
见

会う、見る

≈ 见面
jiànmiàn

Wǒ jīnwǎn yào qù jiàn yí ge péngyou.
我 今晚 要去见 一个朋友。

私は今晩友達に会いに行きます。

---

409 □ ④

jiāo
交

手渡す、付き合う

≈ 交给；交往
jiāogěi；jiāowǎng

Nǐ hái méiyou jiāo zuòyè ma?
你 还没有 交作业吗？

まだ宿題を提出していないのですか。

---

410 □ 準4

jiāo liú
交流

交流する

≈ 会话；沟通
huìhuà；gōutōng

Wǒmen jiāoliú yíxià xuéxí jīngyàn ba.
我们 交流一下 学习经验吧。

学習の経験談をちょっと話し合いましょう。

---

411 □ 準4

jiāo
教

教える

≈ 教授；讲授
jiāoshòu；jiǎngshòu

Wǒ māma zài zhōngxué jiāo yīnyuè.
我妈妈 在中学 教音乐。

母は中学校で音楽を教えています。

---

412 □ 準4

jiào
叫

呼ぶ、叫ぶ

≈ 称呼；叫喊
chēnghu；jiàohǎn

Qǐngwèn, nín jiào shénme míngzi?
请问，您 叫 什么名字？

すみません、お名前は何とおっしゃいますか。

413
☐ ④
jiào yù
教育
教育する
≈ 教导；教诲
jiàodǎo；jiàohuì

Jiàoyù háizi yào yǒu nàixīn.
教育 孩子 要有耐心。
子供を教育するには根気が必要です。

414
☐ 準4
jiē
接
受け取る、出迎える
≈ 收；接受；迎接
shōu；jiēshòu；yíngjiē

Nǐ wèi shénme méi jiē wǒ de diànhuà?
你 为什么 没接 我的电话？
なぜ私の電話に出なかったのですか。

415
☐ ④
jiē shòu
接受
受け入れる、受ける
≈ 接纳；采纳
jiēnà；cǎinà

Tā jiēshòule dàjiā de pīpíng.
他 接受了 大家的批评。
彼はみんなの批判を受け入れた。

416
☐ 準4
jié hūn
结婚
結婚する
≈ 成亲
chéngqīn

Wǒ gēge yǐjīng jiéhūn le.
我哥哥 已经 结婚了。
兄はすでに結婚しました。

417
☐ ④
jiě jué
解决
解決する
≈ 处理；克服
chǔlǐ；kèfú

Zhège nántí bèi tāmen jiějué le.
这个难题 被他们 解决了。
この難題は彼らによって解決されました。

418
☐ 準4
jiè shào
介绍
紹介する、説明する
≈ 说明；推荐
shuōmíng；tuījiàn

Qǐng nǐ jièshào yíxià yánjiū jìhuà.
请你 介绍一下 研究计划。
研究計画をちょっと紹介してください。

419
☐ 準4
jiè
借
借りる、貸す
≈ 借入；借出
jièrù；jièchū

Wǒ qù túshūguǎn jiè shū.
我 去图书馆 借书。
私は図書館へ本を借りに行きます。

420
☐ 準4
jìn
进
入る
≈ 进入
jìnrù

Zài Rìběn jìn fángjiān yào tuō xié.
在日本 进房间 要脱鞋。
日本では部屋へ入る時に靴が脱がなければならない。

421 準4
jìn xíng 进行 — 行う、する
≈ 做 zuò；从事 cóngshì
Tā zhèngzài jìnxíng áizhèng de yánjiū.
他 正在 进行 癌症的研究。
彼は癌の研究をしています。

422 4
jiù 救 — 救う
≈ 救护 jiùhù；救助 jiùzhù
Zhì bìng jiù rén shì yīshēng de tiānzhí.
治病 救人 是 医生的天职。
病気を治し人を救うのが、医者の本分である。

423 4
jǔ 举 — 上げる、挙げる
≈ 举出 jǔchū
Nǐ jǔ yí ge lìzi ba.
你 举 一个例子吧。
例を1つ挙げてください。

424 4
jǔ xíng 举行 — 挙行する、行う
≈ 办 bàn；举办 jǔbàn
Qùnián wǒmen zài Shànghǎi jǔxíngle hūnlǐ.
去年 我们 在上海 举行了婚礼。
私たちは去年、上海で結婚式を挙げました。

425 準4
jù shuō 据说 — 聞くところによれば
≈ 听说 tīngshuō
Jùshuō zhè zhǒng yào xiàoguǒ hěn hǎo.
据说 这种药 效果 很好。
この薬はよく効くそうです。

426 4
jué dìng 决定 — 決定する
≈ 定 dìng
Wǒ juédìng míngnián qù Shànghǎi liúxué.
我 决定 明年 去上海留学。
私は来年、上海に留学することにしました。

427 準4
kāi 开 — 開く、運転する
≈ 打开 dǎkāi；驾驶 jiàshǐ；举行 jǔxíng
Bàba huílai le, kuài kāi mén.
爸爸 回来了，快 开门。
お父さんが帰ってきたから、はやくドアを開けて。

428 準4
kāi shǐ 开始 — 始まる、始める
≈ 启动 qǐdòng
Bàngqiú bǐsài kuài kāishǐ le.
棒球比赛 快开始了。
野球の試合がもうすぐ始まります。

名詞 動詞 形容詞 副詞

55

429 ☐ 準4	kàn 看	見る、読む ≈ 观看；阅读 guānkàn；yuèdú	Zhōumò zánmen qù kàn diànyǐng ba. 周末 咱们 去看 电影吧。 週末に映画を見に行きましょう。
430 ☐ 準4	kàn jiàn 看见	見える ≈ 看到；见到 kàndào；jiàndào	Nǐ kànjiàn lǎoshī le ma? 你 看见 老师了吗？ 先生を見かけましたか。
431 ☐ 4	kǎo 考	試験する ≈ 考试；考查 kǎoshì；kǎochá	Xià zhōu wǒmen yào kǎo Hànyǔ yǔfǎ. 下周 我们 要考 汉语语法。 来週は中国語文法の試験を受けなければならない。
432 ☐ 準4	kū 哭	泣く ≈ 哭泣 kūqì	Xiǎo gǒu sǐ le, mèimei kūle yí yè. 小狗 死了，妹妹 哭了 一夜。 子犬が死んで、妹は一晩泣いた。
433 ☐ 準4	lā 拉	弾く ≈ 演奏 yǎnzòu	Gēge huì lā xiǎotíqín. 哥哥 会拉 小提琴。 兄はバイオリンが弾けます。
434 ☐ 準4	lái 来	来る ≈ 到来 dàolái	Nǐ míngtiān lái dàxué ma? 你 明天 来大学吗？ あなたは明日、大学に来ますか。
435 ☐ 準4	lián xì 联系	連絡する ≈ 联络 liánluò	Zuótiān tā méi gēn wǒ liánxì. 昨天 他 没跟我 联系。 昨日彼は私に連絡しませんでした。
436 ☐ 準4	liǎo jiě 了解	分かる、調べる ≈ 知道；调查 zhīdao；diàochá	Wǒ bú tài liǎojiě tā. 我 不太 了解她。 彼女のことはよく分かりません。

437 ④
lǐng dǎo
领导
指導する
≈ 带领
dàilǐng

Lǐngdǎo yí ge gōngsī hěn bù róngyì.
领导 一个公司 很不容易。
1つの会社を率いるのは大変です。

438 ④
liú xíng
流行
流行する
≈ 盛行
shèngxíng

Jīnnián liúxíng kāfēisè.
今年 流行 咖啡色。
今年はコーヒー色が流行っています。

439 準4
lǚxíng
旅行
旅行する
≈ 旅游；观光
lǚyóu；guānguāng

Wǒ xiǎng qù Zhōngguó de nánfāng lǚxíng.
我 想 去中国的南方 旅行。
中国の南方へ旅行に行きたいです。

440 準4
máfan
麻烦
面倒を掛ける
≈ 辛苦
xīnkǔ

Tā cónglái bù máfan biéren.
他 从来 不麻烦别人。
彼はこれまで人を煩わせたことがない。

441 準4
mǎi
买
買う
≈ 购买
gòumǎi

Wǒ qù biànlìdiàn mǎi miànbāo.
我 去便利店 买面包。
私はコンビニへパンを買いに行きます。

442 準4
mài
卖
売る
≈ 贩卖；出售
fànmài；chūshòu

Māma zài shāngdiàn mài shuǐguǒ.
妈妈 在商店 卖水果。
お母さんはお店で果物を売っています。

443 準4
ná
拿
持つ
≈ 抓；取得
zhuā；qǔdé

Tā shǒuli názhe yì běn zázhì.
她 手里拿着 一本杂志。
彼女は手に雑誌を1冊持っています。

444 準4
niàn
念
勉強する、読む
≈ 上学；学习
shàngxué；xuéxí

Tā dìdi zhèngzài niàn zhōngxué.
他弟弟 正在 念 中学。
彼の弟は中学校に通っています。

名詞

動詞

形容詞

副詞

57

445 ④

pá

爬

登る、はう

≈ 攀登 ; 爬行
pāndēng ; páxíng

Wǒmen zhōumò jīngcháng qù pá shān.

我们 周末 经常 去爬山。

私たちは週末、よく山登りに行きます。

446 準④

pà

怕

恐れる、心配する

≈ 害怕 ; 担心
hàipà ; dānxīn

Tā pà gǒu, dànshì bú pà māo.

他怕狗，但是 不怕猫。

彼は犬が怖いのですが、猫は怖くありません。

447 ④

pāi

拍

叩く、撮る

≈ 拍打 ; 拍照
pāidǎ ; pāizhào

Dàjiā pāi shǒu tóngyì tā de jiànyì.

大家 拍手 同意他的建议。

みんなは拍手して彼の提案に賛成した。

448 ④

pài

派

派遣する

≈ 派遣
pàiqiǎn

Gōngsī pài wǒ qù Zhōngguó xuéxí Hànyǔ.

公司 派我 去中国 学习汉语。

会社は私を中国に派遣して中国語を勉強させました。

449 ④

pàn duàn

判断

判断する

≈ 判定
pàndìng

Zhè jiàn shì, nǐ pànduànde bú zhèngquè.

这件事，你 判断得 不正确。

この件は、あなたの判断が正しくない。

450 準④

pǎo

跑

走る

≈ 奔跑
bēnpǎo

Wǒ měi tiān zǎoshang pǎo sān gōnglǐ.

我 每天早上 跑３公里。

私は毎朝３キロ走ります。

451 ④

pèng

碰

ぶつかる、触る

≈ 撞 ; 碰撞
zhuàng ; pèngzhuàng

Zuótiān wǒ bèi zìxíngchē pèngle yíxià.

昨天 我 被自行车 碰了 一下。

昨日私は自転車にぶつかりました。

452 ④

pī píng

批评

批判する、叱る

⇔ 赞扬 ; ≈ 责备
zànyáng ; zébèi

Kēzhǎng pīpíngle wǒ de gōngzuò.

科长 批评了 我的工作。

課長は私の仕事ぶりを叱りました。

453 4
pò huài
破坏
破壊する
≈ 毁坏
huǐhuài

Lìshǐ wénwù bèi zuìfàn pòhuài le.
历史文物 被罪犯 破坏了。
歴史的文物が犯罪者によって破壊された。

454 準4
qí
骑
(馬、自転車に)乗る
≈ 乘
chéng

Gēge qí zìxíngchē qù dàxué.
哥哥 骑自行车 去大学。
兄は自転車で大学に行きます。

455 準4
qǐ
起
起きる、生じる
≈ 起来
qǐlái

Zǎo shuì zǎo qǐ shēntǐ hǎo.
早睡 早起 身体好。
早寝早起きは体に良いです。

456 準4
qiāo
敲
叩く
≈ 打
dǎ

Hǎoxiàng yǒu rén qiāo mén.
好像 有人 敲门。
誰かがドアをノックしたようです。

457 準4
qǐng
请
お願いする、招く
≈ 请求
qǐngqiú

Qǐng nǐ míngtiān lái yíxià.
请你 明天 来一下。
明日ちょっと来てください。

458 4
qǐng jià
请假
休暇をもらう
≈ 休息
xiūxi

Tā bìng le, jīntiān qǐngjià le.
他病了，今天请假了。
彼は病気になって、今日は休んだ。

459 4
qiú
求
求める
≈ 请求；要求
qǐngqiú ; yāoqiú

Wǒ qiú nǐ yí jiàn shì.
我求你 一件事。
1つお願いします。

460 4
qǔ
取
取る、獲得する
≈ 取得；拿
qǔdé ; ná

Wǒ xiàwǔ yào qù yínháng qǔ qián.
我 下午 要去银行 取钱。
午後、銀行へお金を引き出しに行くつもりです。

名詞 / 動詞 / 形容詞 / 副詞

461 □ ④

qǔ xiāo
取消
取り消す
≈ 撤销
chèxiāo

Tā qǔxiāole yuánlái de lǚxíng jìhuà.
她 取消了 原来的旅行计划。
彼女はもとの旅行計画をキャンセルしました。

462 □ 準④

qù
去
行く
≈ 前往
qiánwǎng

Wǒ cóng Běijīng zuò fēijī qù Dàbǎn.
我 从北京 坐飞机 去大阪。
私は北京から飛行機で大阪に行きます。

463 □ ④

quàn
劝
勧告する、諫める
≈ 劝告；劝导
quàngào；quàndǎo

Wǒ quàn nǐ jiè yān.
我劝你 戒烟。
禁煙を勧めます。

464 □ ④

ràng
让
譲る
≈ 礼让
lǐràng

Qǐng bǎ zuòwèi rànggěi xūyào de rén.
请把 坐位 让给 需要的人。
必要な人に席を譲ってください。

465 □ 準④

rèn shi
认识
分かる、知っている
≈ 知道
zhīdao

Nǐ rènshi zhège zì ma?
你 认识 这个字吗?
この字を知っていますか。

466 □ ④

rèn wéi
认为
～と思う
≈ 以为；觉得
yǐwéi；juéde

Wǒ rènwéi nǐ shuō de bú duì.
我 认为 你说的不对。
あなたの話は間違っていると思います。

467 □ ④

shāng
伤
傷つける、害する
≈ 伤害；受伤
shānghài；shòushāng

Tā niánqīng shí céngjīng shāngle yāo.
他 年轻时 曾经 伤了腰。
彼は若い時に腰を痛めました。

468 □ 準④

shāng liang
商量
相談する
≈ 讨论
tǎolùn

Wǒ xiǎng gēn dàjiā shāngliang yí jiàn shì.
我 想 跟大家 商量一件事。
みんなと相談したいことがあります。

469 上 shàng
上がる、行く ⇔ 下 xià
Wǒmen kěyǐ cóng zhè tiáo lù shàng shān.
我们 可以 从这条路 上山。
私たちはこの道から山に登ることができます。

470 生 shēng
生む ≈ 生育 shēngyù
Jiějie shēngle yí ge nǚháir.
姐姐 生了 一个女孩儿。
姉は女の子を産んだ。

471 生产 shēng chǎn
生産する ≈ 制造 zhìzào
Zhège gōngchǎng shēngchǎn zhìnéng shǒujī.
这个工厂 生产 智能手机。
この工場ではスマートフォンを生産しています。

472 生活 shēng huó
生活する ≈ 生存 shēngcún
Yéye、nǎinai gēn wǒmen yìqǐ shēnghuó.
爷爷、奶奶 跟 我们 一起生活。
祖父母は私たちと一緒に暮らしています。

473 生气 shēng qì
怒る ≈ 愤怒 fènnù
Nǐ zài gēn shéi shēngqì ne?
你在 跟谁 生气 呢？
君は誰に腹を立てているのだ。

474 省 shěng
節約する ≈ 节省；节约 jiéshěng；jiéyuē
Zhè zhǒng fāngfǎ néng shěng hěn duō shíjiān.
这种方法 能省 很多时间。
この方法は多くの時間を節約することができる。

475 实现 shí xiàn
実現する ≈ 完成 wánchéng
Wǒ de lǐxiǎng zhōngyú shíxiàn le.
我的理想 终于 实现了。
私の理想はついに実現した。

476 实行 shí xíng
実行する ≈ 实施 shíshī
Wǒmen gōngsī shíxíng wǔ tiān gōngzuòzhì.
我们公司 实行 五天工作制。
私たちの会社は週5日勤務を実施しています。

名詞　動詞　形容詞　副詞

61

🔊 61

477 準4
shì
试
試みる、試す
≈ 试验
shìyàn

Nǐ shì yíxià zhè jiàn yīfu ba.
你 试一下 这件衣服吧。
この服を試着してみてください。

478 準4
shōu
收
収める；収穫する
≈ 接；收获
jiē；shōuhuò

Wǒ bù néng shōu nǐ de qián.
我 不能 收 你的钱。
あなたのお金は受け取れません。

479 準4
shōu shi
收拾
片付ける
≈ 整理
zhěnglǐ

Nǐ shōushi yíxià fángjiān ba.
你 收拾一下 房间吧。
部屋をちょっと片付けてください。

480 4
shū
输
負ける
≈ 败；失败
bài；shībài

Zuótiān de zúqiúsài Běijīngduì shū le.
昨天的 足球赛 北京队 输了。
昨日のサッカーの試合は北京チームが負けました。

481 4
shú
熟
熟れる
≈ 成熟
chéngshú

Wǒ è le, fàn shú le ma?
我饿了，饭熟了吗？
お腹が空きましたが、ご飯はできましたか。

482 準4
shǔ
数
数える
≈ 计算
jìsuàn

Zhè shì yí wàn kuài, qǐng nǐ shǔ yíxià.
这是 一万块，请你 数一下。
これは1万元です、数えてみてください。

483 準4
shuì
睡
眠る、寝る
≈ 睡觉；休息
shuìjiào；xiūxi

Wǒ zuótiān lèi le, hěn zǎo jiù shuì le.
我 昨天 累了，很早就睡了。
昨日は疲れたので、早く寝ました。

484 準4
shuō
说
話す、言う
≈ 讲；谈；发言
jiǎng；tán；fāyán

Nǐ shuō yi shuō nǐ de guāndiǎn ba.
你 说一说 你的观点吧。
あなたの観点を話してみてください。

485 □ ④	sǐ 死	死ぬ ≈死亡 sǐwáng	Wǒ qián jǐ tiān mǎi de jīnyú dōu sǐ le. 我 前几天 买的金鱼 都死了。 先日買った金魚は全部死にました。

| 486 □ 準4 | sòng 送 | 届ける、送る ≈赠送；送别 zèngsòng；sòngbié | Nǐ sòng tā shénme shēngrì lǐwù? 你 送她 什么生日礼物？ 彼女の誕生日に何をプレゼントしますか。 |

| 487 □ 準4 | tán 弹 | 楽器を弾く ≈弹奏；演奏 tánzòu；yǎnzòu | Tā gāngqín、jítā dōu huì tán. 他 钢琴、吉他 都会 弹。 彼はピアノもギターも弾けます。 |

| 488 □ 準4 | tǎng 躺 | 横になる ◇站；坐 zhàn；zuò | Tā zài chuángshang tǎngle yíhuìr. 她 在床上 躺了 一会儿。 彼女はしばらくベッドで横になった。 |

| 489 □ ④ | tǎo lùn 讨论 | 討論する ≈议论；商量 yìlùn；shāngliang | Tāmen zài tǎolùn yí ge zhéxué wèntí. 他们 在讨论 一个哲学问题。 彼らはある哲学の問題を討論しています。 |

| 490 □ 準4 | tī 踢 | 蹴る ◇踩；踏 cǎi；tà | Wǒmen xīngqīliù xiàwǔ tī zúqiú. 我们 星期六下午 踢足球。 私たちは土曜日の午後、サッカーをします。 |

| 491 □ 準4 | tí 提 | 提起する；手に提げる ≈提出；拎 tíchū；līn | Wǒ tíle yí ge wèntí. 我 提了 一个问题。 私は1つ質問しました。 |

| 492 □ ④ | tí qián 提前 | 繰り上げる ≈提早 tízǎo | Wǒmen xiǎozǔ tíqián wánchéngle rènwu. 我们小组 提前完成了 任务。 私たちのグループは前倒しで任務を完了した。 |

493 ④
tǐ huì
体会
体得する
≈ 体验 tǐyàn

Wǒ xiǎng tǐhuì yíxià nóngcūn de shēnghuó.
我 想 体会一下 农村的生活。
農村の生活を体験してみたいです。

494 ④
tiào
跳
跳ぶ
≈ 跳跃 tiàoyuè

Nàge yùndòngyuán néng tiào èr mǐ duō gāo.
那个运动员 能跳 二米多高。
あの選手は2メートル以上跳べます。

495 準4
tīng
听
聞く
≈ 听见；耳闻 tīngjiàn；ěrwén

Māma měi tiān dōu tīng gǔdiǎn yīnyuè.
妈妈 每天 都听古典音乐。
母は毎日クラシック音楽を聞きます。

496 準4
tíng
停
止まる
≈ 停止；停留 tíngzhǐ；tíngliú

Xiàle yì tiān de yǔ zhōngyú tíng le.
下了 一天的雨 终于停了。
1日降り続いた雨がやっとやんだ。

497 ④
tōng zhī
通知
通知する
≈ 告诉 gàosu

Nǐ tōngzhī tā míngtiān shí diǎn kāihuì.
你 通知他 明天十点开会。
明日10時から会議があることを彼に伝えてください。

498 ④
tóng yì
同意
賛成する、承認する
≈ 赞成 zànchéng

Wǒ bù tóngyì nǐ de yìjiàn.
我 不同意 你的意见。
あなたの意見には反対です。

499 ④
tōu
偷
盗む
≈ 偷盗 tōudào

Zhè jiā chāoshì cháng yǒu rén tōu dōngxi.
这家超市 常有人 偷东西。
このスーパーにはよく物を盗む人がいます。

500 準4
tuī
推
押す
⇔ 拉 lā

Búyào tuī wǒ, tài wēixiǎn le.
不要 推我，太危险了。
押さないで、危険です。

501 □ 準4	wán 完	終わる、完成する ≈ 完结；结束 wánjié；jiéshù	Jīntiān de gōngzuò wán le, nǐ huí jiā ba. 今天的工作 完了，你 回家吧。 今日の仕事はこれで終わりだ、家に帰りなさい。
502 □ 準4	wánr 玩儿	遊ぶ ≈ 玩耍 wánshuǎ	Háizimen zài gōngyuánli wánr ne. 孩子们 在公园里 玩儿呢。 子供たちは公園で遊んでいます。
503 □ 準4	wàng 忘	忘れる ≈ 忘记 wàngjì	Wǒ wàngle tā de míngzi le. 我 忘了 她的名字了。 彼女の名前を忘れました。
504 □ 4	wén 闻	(においを)嗅ぐ	Nǐ wén yíxià zhè shì shénme wèidao. 你 闻一下 这是什么味道。 これが何の味か、ちょっとにおいを嗅いでみて。
505 □ 準4	wèn 问	問う、尋ねる ≈ 询问；了解 xúnwèn；liǎojiě	Wǒ wèn nǐ yí ge wèntí hǎo ma? 我问你 一个问题 好吗? 1つお聞きしてもいいですか。
506 □ 4	xī wàng 希望	希望する ≈ 期待 qīdài	Xīwàng nǐ zǎorì huīfù jiànkāng. 希望你 早日恢复健康。 早く健康になりますように。
507 □ 4	xí guàn 习惯	慣れる ≈ 惯；适应 guàn；shìyìng	Wǒ hái bù xíguàn zhèli de shēnghuó. 我 还不习惯 这里的生活。 私はまだここの生活に慣れていません。
508 □ 準4	xǐ 洗	洗う ≈ 洗涤 xǐdí	Wǒ měi ge xīngqītiān dōu xǐ yīfu. 我 每个星期天 都洗衣服。 私は毎週日曜日に洗濯します。

名詞 動詞 形容詞 副詞

509
準4

xǐ zǎo
洗澡

風呂に入る
≒ 洗浴
xǐyù

Wǒ měi tiān shuìjiàoqián xǐzǎo.
我 每天 睡觉前 洗澡。
私は毎日寝る前に風呂に入ります。

510
準4

xǐ huan
喜欢

好む
≒ 喜爱
xǐ'ài

Wǒ xǐhuan yóuyǒng, bù xǐhuan chángpǎo.
我 喜欢 游泳，不 喜欢 长跑。
私は水泳は好きだが、長距離走は嫌いです。

511
準4

xià
下

降りる、降る、下す
⇔ 上
shàng

Xià yí zhàn wǒ yào xià chē.
下一站 我 要 下 车。
私は次の駅で降ります。

512
準4

xiǎng
想

考える、思う
≒ 思考；想念
sīkǎo；xiǎngniàn

Dàjiā yìqǐ xiǎng bànfǎ ba.
大家 一起 想办法吧。
みんなで一緒に方法を考えましょう。

513
4

xiāo shī
消失

消失する
≒ 消亡
xiāowáng

Yìxiē gǔlǎo de zhíyè zhèngzài xiāoshī.
一些 古老的职业 正在消失。
いくつかの古い職業が消えつつある。

514
準4

xiǎo xīn
小心

気をつける
≒ 注意；当心
zhùyì；dāngxīn

Guò mǎlù shí yào xiǎoxīn qìchē.
过马路时 要小心 汽车。
道を渡る時は車に気をつけなければなりません。

515
準4

xiào
笑

笑う
≒ 乐
lè

Háizi kàndào māma jiù xiào le.
孩子 看到 妈妈 就笑了。
子供はお母さんを見ると笑った。

516
準4

xiě
写

書く
≒ 书写；写作
shūxiě；xiězuò

Tīngshuō tā zài xiě yì běn lìshǐ xiǎoshuō.
听说 他 在写 一本历史小说。
彼は歴史小説を書いているそうです。

517 谢 xiè
感謝する
≈ 感谢 gǎnxiè

Nǐ yào xiè tā, búyào xiè wǒ.
你 要 谢他，不要 谢我。
私ではなく、彼に感謝してください。

518 姓 xìng
(苗字を)〜と言う
≈ 叫 jiào

Dàjiā hǎo! Wǒ xìng Lǐ, jiào Lǐ Yù.
大家好！我 姓李，叫 李玉。
皆さん、こんにちは、李玉と申します。

519 休息 xiū xi
休む、休憩する
≈ 歇；歇息 xiē；xiēxi

Zánmen zài zhèr xiūxi yíxià ba.
咱们 在这儿 休息一下吧。
ここでちょっと休憩しましょう。

520 需要 xū yào
必要とする
≈ 要 yào

Wǒ xuéxí xūyào yì tái diànnǎo.
我 学习 需要一台电脑。
私の勉強にはパソコンが必要です。

521 选 xuǎn
選ぶ
≈ 选择；挑 xuǎnzé；tiāo

Nǐ xuǎn yí jiàn nǐ xǐhuan de yīfu ba.
你 选 一件 你喜欢的衣服吧。
好きな服を1着選んでください。

522 学 xué
学ぶ
≈ 学习 xuéxí

Wǒ xuéle liù nián Yīngyǔ.
我 学了 六年英语。
私は英語を6年間勉強した。

523 研究 yán jiū
研究する
≈ 探索 tànsuǒ

Kēxuéjiāmen zhèngzài yánjiū xīnyào.
科学家们 正在 研究新药。
科学者たちは新薬を研究しています。

524 养 yǎng
養う、育てる
≈ 养育 yǎngyù

Wǒ jiā yǎngle yì tiáo gǒu, liǎng zhī māo.
我家 养了 一条狗，两只猫。
私の家は犬1匹と猫2匹を飼っています。

名詞 動詞 形容詞 副詞

67

525 ☐ ④

yāo qiú

要求

要求する；求める

≈ 要
　yào

Wǒmen yào yángé yāoqiú zìjǐ.

我们 要严格 要求自己。

私たちは自分に厳しく要求しなければならない。

526 ☐ ④

yáo

摇

揺れる、揺らす

≈ 摆；摇动
　bǎi ; yáodòng

Tā yáole yáo tóu, biǎoshì fǎnduì.

他 摇了摇头，表示 反对。

彼は首を横に振って、反対の意を示した。

527 ☐ 準④

yào

要

要求する、要る

≈ 要求；需要
　yāoqiú ; xūyào

Dìdi xiǎng yào yì tái zhìnéng shǒujī.

弟弟 想 要 一台 智能手机。

弟はスマートフォンをほしがっています。

528 ☐ ④

yǐ wéi

以为

〜だと思い込む

≈ 认为；觉得
　rènwéi ; juéde

Wǒ yǐwéi jīntiān huì xià yǔ ne.

我 以为 今天 会下雨呢。

今日は雨が降ると思っていました。

529 ☐ ④

yíng

赢

勝つ

≈ 胜利
　shènglì

Wǒmenduì yídìng néng yíng.

我们队 一定 能赢。

うちのチームはきっと勝てます。

530 ☐ ④

yǐng xiǎng

影响

影響する、邪魔する

≈ 感化；打扰
　gǎnhuà ; dǎrǎo

Xī yān yǐngxiǎngle tā de jiànkāng.

吸烟 影响了 他的健康。

喫煙は彼の健康に影響を与えた。

531 ☐ 準④

yòng

用

使う、用いる

≈ 使；使用
　shǐ ; shǐyòng

Wǒ bú huì yòng máobǐ xiě zì.

我 不会用 毛笔 写字。

私は筆で字を書くことができません。

532 ☐ 準④

yǒu

有

ある、いる、持つ

≈ 具有
　jùyǒu

Wǒ yǒu yí ge gēge hé yí ge mèimei.

我 有 一个哥哥和 一个妹妹。

私には兄が1人と妹が1人います。

533 原谅
yuán liàng

許す

≈ 宽容；谅解
kuānróng；liàngjiě

Tā zuìhòu zhōngyú yuánliàngle tā.
她 最后 终于 原谅了他。
彼女は最後にとうとう彼を許した。

534 约
yuē

誘う；招く

≈ 约请；邀请
yuēqǐng；yāoqǐng

Wǒ xiǎng yuē tā qù kàn diànyǐng.
我想 约她 去看电影。
僕は彼女を映画に誘いたいと思っています。

535 运动
yùn dòng

動く、運動する

≈ 活动；锻炼
huódòng；duànliàn

Zánmen qù wàimiàn yùndòng yíhuìr ba.
咱们 去外面 运动 一会儿吧。
外でちょっと運動しましょう。

536 在
zài

ある、いる

≈ 存在
cúnzài

Tā bú zài jiā, qù gōngsī le.
他 不在 家，去 公司了。
彼は家にいません、会社に行きました。

537 造
zào

造る

≈ 制；做；制作
zhì；zuò；zhìzuò

Qǐng yòng "kàn" zào yí ge jùzi.
请用 "看" 造一个句子。
「看」を使って文を1つ作ってください。

538 增加
zēng jiā

増やす、増える

≈ 加；增添
jiā；zēngtiān

Duō chī shuǐguǒ kěyǐ zēngjiā miǎnyìlì.
多吃水果 可以 增加免疫力。
果物をたくさん食べると免疫力が高まります。

539 站
zhàn

立つ

≈ 站立
zhànlì

Búyào zhànzài qìchēbiānshang.
不要站在 汽车边上。
車のそばに立たないでください。

540 长
zhǎng

成長する

≈ 生长；成长
shēngzhǎng；chéngzhǎng

Yuànzili zhǎngle hěn duō zácǎo.
院子里 长了 很多 杂草。
庭に雑草がたくさん生えています。

名詞 動詞 形容詞 副詞

---

541 □ 4

掌握 zhǎng wò

把握する；
身につける

≈ 理解
　　lǐjiě

Tā hěn kuài jiù zhǎngwòle jìqiǎo.

他 很快就 掌握了 技巧。

彼はすぐに技術を覚えた。

---

542 □ 準4

找 zhǎo

探す

≈ 寻找
　　xúnzhǎo

Gēge zài shūjiàshang zhǎo shū.

哥哥 在书架上 找书。

兄は本棚で本を探しています。

---

543 □ 4

照 zhào

照る、照らす、
映る、映す

≈ 照射；拍摄
　　zhàoshè；pāishè

Mèimei xǐhuan zhào jìngzi.

妹妹 喜欢 照镜子。

妹は鏡を見るのが好きです。

---

544 □ 4

照顾 zhào gù

世話をする、
配慮する

≈ 照料；关照
　　zhàoliào；guānzhào

Tā zhè zhōu zài jiā zhàogù fùmǔ.

她 这周 在家 照顾父母。

彼女は今週、家で両親の世話をします。

---

545 □ 4

争 zhēng

争う

≈ 争夺
　　zhēngduó

Zhè cì wǒmen yào zhēng guànjūn.

这 次 我们 要争冠军。

今度は私たちが優勝するだろう。

---

546 □ 準4

知道 zhī dào

知っている、
分かる

≈ 了解；认识
　　liǎojiě；rènshi

Wǒ zhīdào nǐ de yìsi le.

我 知道 你的意思了。

あなたの考えは分かりました。

---

547 □ 4

值得 zhí dé

〜する価値がある

Zhè jiàn shì bù zhídé zhùyì.

这件事 不值得 注意。

このことは注意するに値しない。

---

548 □ 4

指 zhǐ

指さす

≈ 点；指点
　　diǎn；zhǐdiǎn

Nǐ zhǐ yíxià bú rènshi de zì.

你 指一下 不认识的字。

知らない字を指してみてください。

---

549 ☐ ④

zhì

治

治療する

≈ 治疗；治理
zhìliáo；zhìlǐ

Yīshēng zhìhǎole nǎinai de bìng.
医生 治好了 奶奶的病。

医者はおばあさんの病気を治しました。

550 ☐ ④

zhòng shì

重视

重視する

≈ 注重
zhùzhòng

Wǒmen yào zhòngshì huánjìng bǎohù.
我们 要重视 环境保护。

私たちは環境保護を重視しなければならない。

551 ☐ ④

zhǔ

煮

煮る、ゆでる

◇ 炒；炸
chǎo；zhá

Wǒmen yòng nǎge guō zhǔ jiǎozi?
我们 用哪个锅 煮饺子？

どの鍋で餃子をゆでますか。

552 ☐ 準4

zhù

住

住む、泊まる

≈ 居住
jūzhù

Shàng dàxué de shíhou, wǒ zhù sùshè.
上大学的时候，我 住宿舍。

大学に通っていた時、寮に住んでいました。

553 ☐ ④

zhù yì

注意

注意する

≈ 小心；留意
xiǎoxīn；liúyì

Kāichē yào zhùyì ānquán.
开车 要注意 安全。

運転は安全に注意しなければならない。

554 ☐ ④

zhù

祝

祝う

≈ 祝贺
zhùhè

Zhù bólǎnhuì yuánmǎn chénggōng!
祝博览会 圆满成功！

博覧会の円満な成功を祈ります！

555 ☐ ④

zhuā

抓

つかむ、捕まえる

≈ 捉；逮捕
zhuō；dàibǔ

Jǐngchá zài shāngchǎng zhuāle yí ge xiǎotōu.
警察 在商场 抓了一个小偷。

警察はマーケットで泥棒を捕まえました。

556 ☐ ④

zhuǎn

转

変える、転送する

≈ 转换；转交
zhuǎnhuàn；zhuǎnjiāo

Huìyì tōngzhī, nǐ zhuǎngěi wǒ hǎo ma?
会议通知，你 转给我 好吗？

会議の通知を私に転送してくれませんか。

名詞

動詞

形容詞

副詞

71

557
☐ 4

zhuàn

转

回る、回転する

≈ 旋转；转动
xuánzhuǎn ; zhuàndòng

Wǒmen zài gōngyuánli zhuànle yì quān.

我们 在公园里 转了 一圈。

私たちは公園を1周した。

558
☐ 4

zhuāng

装

積む、しまい入れる

≈ 放
fàng

Tā shūbāoli zhuāngle liǎng běn cídiǎn.

他书包里 装了 两本词典。

彼のカバンには辞書が2冊入っています。

559
☐ 4

zhuàng

撞

ぶつかる；ぶつける

≈ 碰；碰撞
pèng ; pèngzhuàng

Liǎng liàng chē zhuàngzài yìqǐ le.

两辆车 撞在 一起了。

2台の車がぶつかった。

560
☐ 4

zhuī

追

追う

≈ 追赶
zhuīgǎn

Tā wèile zhuī xīng huāle hěn duō qián.

他 为了 追星 花了 很多钱。

彼はスターを追いかけるために、沢山お金をつぎ込んだ。

561
☐ 準4

zhǔn bèi

准备

準備する

≈ 预备；计划
yùbèi ; jìhuà

Wǒ yào zhǔnbèi zhōumò de kǎoshì.

我 要准备 周末的考试。

私は週末の試験の準備をしなければならない。

562
☐ 準4

zǒu

走

歩く

≈ 走路；步行
zǒulù ; bùxíng

Tā de háizi yǐjīng huì zǒu le.

她的孩子 已经会 走了。

彼女の子供はもう歩けるようになりました。

563
☐ 4

zǔ zhī

组织

組織する

≈ 安排
ānpái

Lǎoshī zǔzhī tóngxuémen pá shān.

老师 组织 同学们爬山。

先生は学生たちを組織して山に登ります。

564
☐ 準4

zuò

坐

座る、乗る

⇔ 站；躺
zhàn ; tǎng

Qǐng zuò, qǐng hē chá.

请坐，请喝茶。

お掛けください、お茶をどうぞ。

565
準4

zuò

做

する、作る

≈ 作 ; 当 ; 制造
zuò ; dāng ; zhìzào

Wǒmen zài wèi xīnnián wǎnhuì zuò zhǔnbèi.

我们 在为新年晚会 做准备。

私たちは新年会の準備をしています。

名詞

動詞

形容詞

副詞

566 準4
ǎi
矮
低い
⇔高；≈低、矮小
　gāo；　dī、ǎixiǎo

Wǒ gèzi hěn ǎi.
我 个子 很矮。
私は背が低いです。

567 4
ān quán
安全
安全だ
⇔危险；≈平安
　wēixiǎn；píng'ān

Zhè yídài yèli hěn bù ānquán.
这一带 夜里 很不安全。
この辺は夜はとても危険です。

568 4
bái
白
白い
⇔黑；≈雪白
　hēi；　xuěbái

Tā pífū hěn bái.
她 皮肤 很白。
彼女は肌が白い。

569 準4
bǎo
饱
満腹だ
⇔饿
　è

Nǐ bǎo le ma?
你 饱了吗？
お腹がいっぱいになりましたか。

570 準4
bú cuò
不错
良い
≈好；对
　hǎo；duì

Tā de xuéxí chéngjì hěn búcuò.
他的 学习成绩 很不错。
彼の成績はとてもいいです。

571 準4
cháng
长
長い、久しい
⇔短；≈长远
　duǎn；chángyuǎn

Zánmen hěn cháng shíjiān méi jiàn le.
咱们 很长时间 没见了。
私たちは長い間会っていません。

572 準4
cōng ming
聪明
賢い
⇔笨；≈机灵
　bèn；jīling

Wǒ de xiǎo sūnzi fēicháng cōngming.
我的小孙子 非常 聪明。
私の孫は非常に頭がいいです。

573 準4
cuò
错
間違っている
⇔对；≈错误
　duì；cuòwù

Zhè shì yí ge cuò zì.
这是 一个错字。
これは誤字です。

574

dà
大
⇔小 ；≈ 巨大
　xiǎo ；　jùdà

大きい

Tā jiā de fángzi hěn dà.
他家的房子 很大。
彼の家は大きいです。

575
dàn
淡
⇔浓 ；≈ 淡薄
　nóng ；　dànbó

薄い、浅い

Zhège cài tài dàn le.
这个菜 太淡了。
この料理は味が薄すぎます。

576
dī
低
⇔高 ；≈ 矮 ；低沉
　gāo ；　ǎi ；dīchén

低い、小さい

Jīntiān qìwēn hěn dī.
今天气温 很低。
今日は気温が低いです。

577
duǎn
短
⇔长 ；≈ 短小
　cháng ；　duǎnxiǎo

短い

Zhè tiáo kùzi duǎn yìdiǎnr.
这条裤子 短一点儿。
このズボンは少し短いです。

578
duì
对
⇔错 ；≈ 正确
　cuò ；　zhèngquè

その通りだ、正しい

Lǎoshī de yìjiàn tài duì le.
老师的意见 太对了。
先生の意見は本当に正しいです。

579
duō
多
⇔少 ；≈ 众多
　shǎo ；　zhòngduō

多い

Zhōngguó rénkǒu hěn duō.
中国 人口 很多。
中国は人口が多いです。

580
è
饿
⇔饱 ；≈ 饥饿
　bǎo ；　jī'è

ひもじい、
飢えている

Wǒ è le, qù chī wǔfàn ba.
我 饿了，去 吃午饭吧。
お腹が減ったので、昼ご飯を食べに行きましょう。

581
fāng biàn
方便
⇔不便 ；≈ 便利
　búbiàn ；　biànlì

便利だ、具合がよい

Zhège chéngshì de jiāotōng zhēn fāngbiàn.
这个城市的交通 真方便。
この都市の交通は本当に便利です。

名詞

動詞

形容詞

副詞

582
☐ 4
fēng fù
丰富
豊富だ、豊かだ
⇔ 贫乏 ; ≈ 充足
　pínfá ;　chōngzú

Tā xiǎngxiànglì hěn fēngfù.
他想象力 很丰富。
彼は想像力が豊かだ。

583
☐ 4
fù zá
复杂
複雑だ
⇔ 简单 ; ≈ 繁杂
　jiǎndān ; fánzá

Zhège wèntí hěn fùzá.
这个问题 很复杂。
この問題は複雑です。

584
☐ 準4
gān jìng
干净
きれいだ、清潔だ
⇔ 脏 ; ≈ 洁净
　zāng ; jiéjìng

Tā de fángjiān bú dà, dàn hěn gānjìng.
他的房间 不大，但 很干净。
彼の部屋は大きくないが、とても清潔だ。

585
☐ 準4
gāo
高
高い
⇔ 低、矮 ; ≈ 高大
　dī、 ǎi ;　gāodà

Jīntiān qìwēn gāo, búyào wàichū le.
今天气温 高，不要 外出了。
今日は気温が高いので、外出はやめなさい。

586
☐ 準4
gāo xìng
高兴
うれしい、喜ばしい
⇔ 悲伤 ; ≈ 愉快
　bēishāng ; yúkuài

Māma jīntiān yǒudiǎnr bù gāoxìng.
妈妈 今天 有点儿 不高兴。
お母さんは今日、ちょっと機嫌が悪いです。

587
☐ 準4
guì
贵
(値段・価値が) 高い
⇔ 贱、便宜 ; ≈ 昂贵
　jiàn、piányi ; ángguì

Zhè jiàn yīfu tài guì le.
这件衣服 太贵了。
この服は高すぎます。

588
☐ 準4
hǎo
好
よい、立派だ
⇔ 坏 ; ≈ 棒、优秀
　huài ; bàng、yōuxiù

Tā de Hànyǔ, Yīngyǔ dōu hěn hǎo.
他的汉语、英语 都很好。
彼は中国語も英語もとても上手です。

589
☐ 準4
hǎo chī
好吃
美味しい
⇔ 难吃 ; ≈ 香
　nánchī ;　xiāng

Māma zuò de cài hěn hǎochī.
妈妈做的 菜 很好吃。
母が作った料理は美味しいです。

590
□
準4

hǎo kàn
好看

美しい、きれいだ
⇔ 难看;≈ 漂亮
nánkàn ; piàoliang

Qīngshuǐsì de hóngyè zhēn hǎokàn.
清水寺的 红叶 真好看。
清水寺の紅葉は本当に美しいです。

591
□
準4

hǎo tīng
好听

聞いて気持ちが良い
⇔ 难听;≈ 动听
nántīng ; dòngtīng

Zhè shǒu gē zhēn hǎotīng.
这首歌 真好听。
この歌は本当に素晴らしいです。

592
□
4

hé shì
合适

ちょうど良い
≈ 恰当
qiàdàng

Zhè jiàn yīfu nǐ chuān zuì héshì le.
这件衣服 你穿 最合适了。
この服はあなたに一番ぴったりです。

593
□
準4

hēi
黑

黒い;暗い
⇔ 白;≈ 黑暗
bái ; hēi'àn

Yéye de hēi tóufa yuè lái yuè shǎo le.
爷爷的 黑头发 越来越少了。
おじいさんの黒い髪はだんだん少なくなった。

594
□
準4

hóng
红

赤い;人気がある
≈ 火红
huǒhóng

Fēngyè yǐjīng hóng le.
枫叶 已经 红了。
紅葉はもう色づきました。

595
□
準4

huài
坏

悪い
⇔ 好;≈ 差
hǎo ; chà

Wǒ yào gàosu nǐ yí ge huài xiāoxi.
我要告诉你 一个 坏消息。
悪い知らせを君に伝えなければなりません。

596
□
準4

huáng
黄

黄色い

Wǒ xǐhuan nàge huáng de yǔsǎn.
我喜欢 那个 黄的 雨伞。
私はあの黄色の傘が好きです。

597
□
4

jí
急

速い、激しい
≈ 快;急迫
kuài ; jípò

Zhè tiáo hé de shuǐliú hěn jí.
这条河的 水流 很急。
この川の流れはとても速い。

598 準4 简单 jiǎn dān

简単だ、単純だ

⇔复杂；≈ 简便
　fùzá ；　jiǎnbiàn

Bànlǐ qiānzhèng de shǒuxù hěn jiǎndān.

办理签证的 手续 很简单。

ビザ取得の手続きはとても簡単です。

599 準4 健康 jiàn kāng

健康だ

≈ 健壮；结实
　jiànzhuàng ；jiēshi

Yéye de shēntǐ hěn jiànkāng.

爷爷的身体 很健康。

おじいさんの体はとても健康です。

600 準4 节约 jié yuē

節約する

⇔奢侈；≈ 省
　shēchǐ ；　shěng

Jiějie píngcháng hěn jiéyuē.

姐姐 平常 很节约。

姉はいつも節約しています。

601 準4 紧张 jǐn zhāng

緊張している；
忙しい

⇔放松；≈ 不安
　fàngsōng ；bù'ān

Kǎoshìqián xuéshengmen dōu hěn jǐnzhāng.

考试前 学生们 都很紧张。

試験前で学生たちは緊張しています。

602 準4 近 jìn

近い

⇔远
　yuǎn

Wǒ jiā lí chēzhàn hěn jìn.

我家 离车站 很近。

私の家は駅から近いです。

603 4 精彩 jīng cǎi

素晴らしい

⇔拙劣；≈ 好、棒
　zhuōliè ；hǎo、bàng

Jīntiān de biǎoyǎn tài jīngcǎi le.

今天的表演 太精彩了。

今日のショーはとても素晴らしかったです。

604 4 久 jiǔ

長い、久しい

⇔短暂；≈ 长久
　duǎnzàn ；chángjiǔ

Zhè shì hěn jiǔ yǐqián de shì.

这是 很久以前的事。

これはずっと昔のことです。

605 準4 旧 jiù

古い、昔の

⇔新；≈ 陈旧
　xīn ；　chénjiù

Bàba yòng de hái shì yì běn jiù cídiǎn.

爸爸用的 还是 一本 旧词典。

父が使っているのはいまだに古い辞書です。

606 ☐ 準4	**kě** 渴	喉が渇いている	Wǒ xiànzài yòu kě yòu è. 我 现在 又渴 又饿。 私は喉が渇いて、お腹も空いています。
607 ☐ 準4	**kè qi** 客气	礼儀正しい ≈谦让；谦虚 　qiānràng；qiānxū	Nǐ tài kèqi le. 你 太客气了。 ご丁寧に。
608 ☐ 準4	**kǔ** 苦	苦い；苦しい ⇔甜；≈辛苦 　tián；　xīnkǔ	Zhè zhǒng zhōngyào yǒudiǎnr kǔ. 这种中药 有点儿 苦。 この漢方薬はちょっと苦いです。
609 ☐ 準4	**kuài** 快	速い；鋭い ⇔慢；≈迅速 　màn；　xùnsù	Shíjiān guòde zhēn kuài. 时间 过得 真快。 時間が経つのは本当に速いものです。
610 ☐ 準4	**kùn nan** 困难	難しい；苦しい ≈艰难 　jiānnán	Zhè shì yí xiàng kùnnan de gōngzuò. 这是 一项 困难的工作。 これは難しい仕事です。
611 ☐ 準4	**là** 辣	辛い	Húnán de cài yě hěn là. 湖南的菜 也 很辣。 湖南の料理もとても辛いです。
612 ☐ 準4	**lǎo** 老	古い；年をとっている ⇔年轻；≈陈旧；苍老 　niánqīng；chénjiù；cānglǎo	Tā shì wǒ de lǎo péngyou. 他是 我的老朋友。 彼は私の古い友達です。
613 ☐ 準4	**lèi** 累	疲れている ≈疲劳 　píláo	Wǒ lèi le, nǐ ne? 我 累了，你呢？ 私は疲れました、あなたは？

名詞

動詞

形容詞

副詞

614
☐
準4

lěng
冷

寒い、冷たい
⇔热 ;≈ 寒冷
rè ; hánlěng

Tiānqì yuè lái yuè lěng le.
天气 越来越冷了。
気候はますます寒くなりました。

615
☐
準4

liáng kuai
凉快

涼しい
⇔闷热 ;≈ 凉爽
mēnrè ; liángshuǎng

Dōngběi xiàtiān hěn liángkuai.
东北 夏天 很 凉快。
東北の夏は涼しいです。

616
☐
準4

liú lì
流利

流暢だ
≈ 流畅
liúchàng

Tā de Hànyǔ fēicháng liúlì.
他的汉语 非常流利。
彼の中国語は非常に流暢です。

617
☐
4

liú xíng
流行

流行する
≈ 红 ; 火
hóng ; huǒ

Zhè shǒu gē qùnián hěn liúxíng.
这首歌 去年 很 流行。
この歌は去年とても流行しました。

618
☐
4

luàn
乱

乱れている
⇔整齐 ;≈ 混乱
zhěngqí ; hùnluàn

Dìdi de fángjiān zǒngshì nàme luàn.
弟弟的房间 总是 那么乱。
弟の部屋はいつも散らかっています。

619
☐
準4

má fan
麻烦

煩わしい、面倒だ
≈ 烦 ; 费事
fán ; fèishì

Tā hǎoxiàng yǒu hěn duō máfan shì.
他 好像有 很多 麻烦事。
彼は面倒なことが多いようです。

620
☐
準4

màn
慢

遅い、
ゆっくりしている
⇔快 ;≈ 缓慢
kuài ; huǎnmàn

Nǎinai de dòngzuò hěn màn.
奶奶的动作 很慢。
おばあさんの動作はとても遅いです。

621
☐
準4

máng
忙

忙しい、慌ただしい
⇔闲 ;≈ 繁忙
xián ; fánmáng

Zhè jǐ tiān dàjiā dōu hěn máng.
这几天 大家 都很忙。
ここ数日はみんな忙しくしています。

622 ☐ 準4

měi

美

美しい、きれいだ

⇔丑；≈美丽；漂亮
chǒu ; měilì ; piàoliang

Zhèlǐ de fēngjǐng zhēn měi!

这里的风景 真美！

ここの景色は本当にきれいです！

623 ☐ 準4

nán

难

難しい

⇔容易；≈困难
róngyì ; kùnnan

Hànyǔ nán, háishi Yīngyǔ nán?

汉语难，还是 英语难？

中国語が難しいですか、それとも英語が難しいですか。

624 ☐ 4

nán shòu

难受

体の具合が悪い、
つらい

⇔舒服；≈不适
shūfu ; búshì

Fēnshǒu shí wǒmen dōu hěn nánshòu.

分手时 我们 都很难受。

別れの時、私たちはとてもつらかったです。

625 ☐ 準4

nián qīng

年轻

年が若い

⇔老；≈年少
lǎo ; niánshào

Xīn lái de lǎoshī hěn niánqīng.

新来的老师 很年轻。

新しく来た先生はとても若いです。

626 ☐ 4

nóng

浓

濃い、強い

⇔淡；≈浓厚
dàn ; nónghòu

Tā méimao hěn nóng.

他眉毛 很浓。

彼は眉毛が濃い。

627 ☐ 準4

nǔ lì

努力

励んでいる

⇔懒；≈勤奋；用功
lǎn ; qínfèn ; yònggōng

Tā gōngzuò fēicháng nǔlì.

她工作 非常努力。

彼女は非常に仕事熱心です。

628 ☐ 準4

nuǎn huo

暖和

温かい

⇔凉快；≈温暖
liángkuai ; wēnnuǎn

Zhèlǐ dōngtiān yě hěn nuǎnhuo.

这里 冬天 也 很暖和。

ここは冬でも暖かいです。

629 ☐ 準4

pàng

胖

太っている

⇔瘦；≈肥胖
shòu ; féipàng

Wǒ zuìjìn yùndòng shǎo, pàng le.

我 最近 运动少，胖了。

最近運動量が少なくて、太りました。

630 準4

pián yi

便宜

安い

⇔貴；≈賤
guì；jiàn

Zuìjìn shūcài hěn piányi.

最近蔬菜 很便宜。

最近は野菜が安いです。

631 4

pǔ tōng

普通

普通だ、一般だ

⇔特別；≈一般
tèbié；yìbān

Zhè jiàn yīfu de yàngzi hěn pǔtōng.

这件衣服的样子 很普通。

この服のデザインは普通です。

632 4

qí guài

奇怪

奇妙だ、不思議だ

≈怪
guài

Gēge de xiǎngfǎ hěn qíguài.

哥哥的想法 很奇怪。

兄の考えは変です。

633 準4

qiǎn

浅

浅い、やさしい

⇔深；≈容易
shēn；róngyì

Zhè tiáo hé, shuǐ hěn qiǎn.

这条河，水 很浅。

この川は水が浅い。

634 4

qiáng

强

（力が）強い；
（体が）丈夫だ

⇔弱；≈强大
ruò；qiángdà

Tā de gōngzuò nénglì hěn qiáng.

她的工作能力 很强。

彼女の仕事の能力は優れています。

635 準4

qīng

轻

軽い

⇔重；≈轻微
zhòng；qīngwēi

Zhè zhǒng cáiliào yòu qīng yòu jiēshi.

这种材料 又轻 又结实。

この材料は軽くて丈夫です。

636 準4

qīng chu

清楚

明らかだ、
はっきりしている

⇔模糊；≈明白
móhu；míngbai

Nǎinai tóunǎo háishi nàme qīngchu.

奶奶头脑 还是 那么清楚。

おばあさんは相変わらず頭がはっきりしている。

637 4

qīng dàn

清淡

あっさりしている

⇔油腻；≈淡、淡雅
yóunì；dàn、dànyǎ

Wǒ xǐhuan chī qīngdàn de cài.

我 喜欢 吃清淡的菜。

私はあっさりした料理が好きです。

638 ④
qióng
穷
貧しい、貧乏だ
⇔富 ; ≈ 贫穷
　fù ;　 pínqióng

Wǒ jiā yuè lái yuè qióng le.
我家 越来越穷了。
私の家はますます貧しくなりました。

639 ④
què shí
确实
確実だ、確かだ
≈ 确切
　 quèqiè

Zhège xiāoxi quèshí ma?
这个消息 确实吗?
このニュースは確かですか。

640 準④
rè
热
暑い ; 熱い
⇔冷 ; ≈ 火热
　lěng ;　 huǒrè

Zhèr de xiàtiān tài rè le.
这儿的夏天 太热了。
ここの夏は暑すぎます。

641 ④
rè liè
热烈
熱烈だ
⇔冷静 ; ≈ 兴奋、热闹
　lěngjìng ; xīngfèn、rènao

Kèrenmen shòudàole rèliè de huānyíng.
客人们 受到了 热烈的欢迎。
お客さんたちは熱烈な歓迎を受けました。

642 準④
rè nao
热闹
賑やかだ
⇔冷清 ; ≈ 繁华、吵
　lěngqing ; fánhuá、chǎo

Zhōumò de shìchǎng tèbié rènao.
周末的市场 特别热闹。
週末の市場はとりわけにぎやかです。

643 準④
rè qíng
热情
親切だ
⇔冷淡 ; ≈ 热心
　lěngdàn ; rèxīn

Dāngdìrén duì yóukè fēicháng rèqíng.
当地人 对游客 非常热情。
地元の人は観光客に大変親切です。

644 準④
rèn zhēn
认真
真面目だ
⇔马虎 ; ≈ 仔细
　mǎhu ;　 zǐxì

Tā zuò shénme gōngzuò dōu hěn rènzhēn.
她 做什么工作 都很认真。
彼女はどんな仕事も真面目にこなします。

645 準④
róng yì
容易
やさしい ; たやすい
⇔难 ; ≈ 简单
　nán ;　 jiǎndān

Zhè piān wénzhāng hěn róngyì dǒng.
这篇文章 很容易 懂。
この文章は分かりやすいです。

名詞　動詞　形容詞　副詞

646 □ 4

ruǎn

软

柔らかい；弱い
⇔硬 ; ≈ 柔软
　yìng ;　róuruǎn

Tā de shēntǐ hěn ruǎn.
她的身体 很软。

彼女の体はとても柔らかい。

647 □ 準4

shǎo

少

少ない
⇔多 ; ≈ 稀少
　duō ;　xīshǎo

Lái zhèli guānguāng de rén hěn shǎo.
来这里 观光的人 很少。

ここへ観光に来る人はあまりいません。

648 □ 4

shēn

深

深い；難しい
⇔浅 ; ≈ 高深
　qiǎn ; gāoshēn

Zhè tiáo hé yòu kuān yòu shēn.
这条河 又宽又深。

この川は広くて深いです。

649 □ 4

shēng

生

熟していない；
知らない
⇔熟 ; ≈ 陌生
　shú ;　mòshēng

Shìzi hái shì shēng de, bù néng chī.
柿子还是 生的，不能吃。

柿はまだ熟してないので、食べられません。

650 □ 準4

shòu

瘦

痩せている
⇔胖 ; ≈ 消瘦
　pàng ; xiāoshòu

Tā zuìjìn shòule hěn duō.
他最近 瘦了 很多。

彼は最近だいぶ痩せました。

651 □ 準4

shū fu

舒服

気分が良い
⇔难受 ; ≈ 舒适
　nánshòu ; shūshì

Wǒ jīntiān yǒudiǎnr bù shūfu.
我 今天 有点儿 不舒服。

今日はちょっと気分が悪いです。

652 □ 準4

shú

熟

よく知っている；
熟れる
⇔生 ; ≈ 熟悉
　shēng ; shúxi

Wǒ gēn tā hěn shú.
我跟她 很熟。

私は彼女をよく知っています。

653 □ 4

shùn lì

顺利

順調だ
⇔顺当
　shùndang

Zhè cì lǚxíng hěn shùnlì.
这次旅行 很顺利。

今回の旅行はとても順調です。

654
準4

suān
酸

酸っぱい

Wǒ bù xǐhuan suān de shípǐn.
我 不喜欢 酸的 食品。

私は酸っぱい食べ物が嫌いです。

655
準4

tè bié
特别

特別だ

⇔普通 ; ≈ 特殊
pǔtōng ; tèshū

Tā de kànfǎ hěn tèbié.
他的看法 很特别。

彼の見方は特別だ。

656
準4

téng
疼

痛い

≈ 痛、疼痛
tòng、téngtòng

Wǒ gǎnmào le, tóu hěn téng.
我 感冒了，头 很疼。

私は風邪をひいて、頭が痛い。

657
準4

tián
甜

甘い

⇔苦 ; ≈ 甘甜
kǔ ; gāntián

Zhège dàngāo tài tián le.
这个蛋糕 太甜了。

このケーキは甘すぎます。

658
4

tòng kǔ
痛苦

苦しい

≈ 惨痛
cǎntòng

Kànqǐlái tā hěn tòngkǔ.
看起来 她 很痛苦。

彼女はどうも苦しそうです。

659
準4

wǎn
晚

遅い、遅れている

⇔早 ; ≈ 迟
zǎo ; chí

Tài wǎn le, wǒ děi zǒu le.
太晚了，我 得走了。

遅くなったので、もう行かなければ。

660
4

wēi xiǎn
危险

危険だ

⇔安全 ; ≈ 危机
ānquán ; wēijī

Wēixiǎn de shíkè yǐjīng guòqu le.
危险的时刻 已经 过去了。

危険な時はもう過ぎました。

661
準4

xì
细

細い

⇔粗 ; ≈ 纤细 ; 尖
cū ; xiānxì ; jiān

Tā de shǒuzhǐ hěn xì.
她的手指 很细。

彼女の指はとても細いです。

名詞

動詞

形容詞

副詞

662 準4

xián

咸

塩辛い

Dōngběicài xián, Sìchuāncài là.
东北菜 咸，四川菜 辣。

東北料理は塩辛く、四川料理は辛い。

---

663 4

xiāng

香

良いにおいがする；
美味しい

⇔臭 ；≈ 好闻
　chòu ；　hǎowén

Qiūtiān de guìhuā zhēn xiāng.
秋天的桂花 真香。

秋のモクセイは本当に良い香りです。

---

664 準4

xiǎo

小

小さい

⇔大 ；≈ 微小
　dà ；　wēixiǎo

Fángjiānli yǒu yì zhāng xiǎo zhuōzi.
房间里 有 一张小桌子。

部屋に小さなテーブルがあります。

---

665 準4

xiǎo xīn

小心

用心深い、慎重だ

⇔粗心 ；≈ 谨慎
　cūxīn ；　jǐnshèn

Wǒ wǎnshang kāichē hěn xiǎoxīn.
我 晚上 开车 很小心。

夜は運転に気をつけています。

---

666 準4

xīn

新

新しい、新ただ

⇔旧 ；≈ 崭新
　jiù ；　zhǎnxīn

Zhè shuāng xié shì xīn de.
这双鞋 是 新的。

この靴は新しいです。

---

667 4

xìng fú

幸福

幸せだ

≈ 美满
　měimǎn

Tā de jiātíng fēicháng xìngfú.
他的家庭 非常幸福。

彼の家族は非常に幸せです。

---

668 4

yán gé

严格

厳しい、厳格だ

⇔马虎 ；≈ 严厉
　mǎhu ；　yánlì

Lǐ lǎoshī duì xuésheng fēicháng yángé.
李老师 对学生 非常 严格。

李先生は学生に大変厳しいです。

---

669 4

yì bān

一般

普通だ、一般だ

⇔特殊 ；≈ 普通
　tèshū ；　pǔtōng

Tā de wàiyǔ shuǐpíng hěn yìbān.
他的 外语水平 很一般。

彼の外国語のレベルは普通です。

---

670 ④	yì wài 意外	意外だ	Zhè shì yí ge yìwài de shìjiàn. 这是 一个意外的 事件。 これは思いがけない事件だ。
671 ④	yìng 硬	硬い ⇔软；≈坚硬 ruǎn；jiānyìng	Jīntiān de mǐfàn yǒudiǎnr yìng. 今天的 米饭 有点儿 硬。 今日のご飯はちょっと硬いです。
672 ④	yōu xiù 优秀	優秀だ、優れている ⇔低劣；≈杰出 dīliè；jiéchū	Tā shì yì míng yōuxiù de jiàoshī. 他是 一名 优秀的 教师。 彼は優秀な教師です。
673 ④	yóu nì 油腻	脂っこい ⇔清淡 qīngdàn	Wǒ bú ài chī yóunì de dōngxi. 我 不爱吃 油腻的 东西。 私は脂っこいものは嫌いです。
674 準4	yǒu yì si 有意思	面白い ⇔无聊；≈有趣 wúliáo；yǒuqù	Tā de gùshi tài yǒu yìsi le. 他的故事 太 有意思了。 彼の話はとても面白いです。
675 準4	yuǎn 远	遠い ⇔近；≈遥远 jìn；yáoyuǎn	Wǒ jiā lí chēzhàn hěn yuǎn. 我家 离车站 很远。 私の家は駅から遠いです。
676 ④	zāng 脏	汚い、汚れている ⇔干净；≈肮脏 gānjìng；āngzāng	Zhè yídài yuánlái yòu zāng yòu luàn. 这一带 原来 又脏又乱。 この辺はもともと汚くて混乱していた。
677 準4	zǎo 早	（時間的に）早い ⇔晚 wǎn	Jīntiān lǎoshī hěn zǎo jiù lái dàxué le. 今天老师 很早 就来大学了。 今日、先生は大学に早く来ました。

名詞 動詞 形容詞 副詞

678 準4	zhēn 真	真実の ⇔假 ; ≈ 真实 jiǎ ; zhēnshí	Zhège xiāoxi shì zhēnde ma? 这个 消息 是 真的 吗? このニュースは本当ですか。
679 4	zhèng cháng 正常	正常だ ⇔异常 ; ≈ 正规 yìcháng ; zhèngguī	Tíngdiàn zài zhèlǐ hěn zhèngcháng. 停电 在这里 很正常。 停電はここでは日常茶飯事です。
680 準4	zhòng 重	重い ⇔轻 ; 沉重 qīng ; chénzhòng	Zhè jiàn xíngli hěn zhòng. 这件 行李 很重。 この荷物はとても重い。
681 4	zhòng yào 重要	重要だ ≈ 紧要 ; 严重 jǐnyào ; yánzhòng	Xiàozhǎng de zhǐshì fēicháng zhòngyào. 校长的指示 非常重要。 校長の指示は非常に重要です。
682 4	zǐ xì 仔细	注意深い ≈ 细心 ; 细致 xìxīn ; xìzhì	Tā gōngzuò fēicháng zǐxì. 她工作 非常仔细。 彼女は仕事が非常に細かい。
683 4	zì yóu 自由	自由だ	Wǎnfàn hòu shì zìyóu huódòng de shíjiān. 晚饭后 是 自由活动的时间。 夕食後はフリータイムです。

名詞

動詞

形容詞

副詞

副詞

■))88

| 684 準4 | bié 别 | 〜するな ≈ 不要 búyào | Bié zháojí, wǒ xiǎngxiang bànfǎ. 别 着急，我 想想办法。 焦らないで、僕が何とかします。 |

| 685 4 | bìng 并 | 決して、別に | Zhè jiàn shì bìng bú fùzá. 这件事 并不复杂。 このことは別に複雑というわけではない。 |

| 686 準4 | cái 才 | たった今、 やっと；〜だけ ≈ 刚（刚）；只 gāng (gāng)；zhǐ | Tā jīnnián cái shíbā suì. 他今年 才十八岁。 彼は今年やっと18歳です。 |

| 687 準4 | cháng(cháng) 常（常） | いつも、常に ≈ 经常；时常 jīngcháng；shícháng | Tā chángcháng gōngzuòdào shēnyè. 她常常工作到 深夜。 彼女はよく深夜まで仕事をします。 |

| 688 4 | cóng (bù) 从（不） | かつて〜ない ≈ 从未；从无 cóngwèi；cóngwú | Tā cóng bù chídào. 她 从不 迟到。 彼女は遅刻したことがない。 |

| 689 4 | dà (dà) 大（大） | 大いに ≈ 大力 dàlì | Liángshi chǎnliàng dàdà zēngjiā le. 粮食产量 大大增加了。 食糧の生産高が大幅に増加した。 |

| 690 準4 | dà gài 大概 | たぶん、恐らく ≈ 大约；大致 dàyuē；dàzhì | Tā dàgài yǒu liùshí duō suì ba. 他 大概 有六十多岁吧。 彼は60歳ちょっとでしょう。 |

| 691 準4 | dāng rán 当然 | もちろん、 言うまでもなく ≈ 自然 zìrán | Tā jīntiān dāngrán huì lái. 她今天 当然 会来。 彼女は今日、もちろん来るでしょう。 |

692 [4]
dào dǐ
到底
いったい；とうとう
≈ 究竟；终于
jiūjìng；zhōngyú

Nǐ dàodǐ qù bu qù kàn diànyǐng?
你到底 去不去 看电影？
結局、映画を見に行くの、行かないの？

693 [準4]
dōu
都
全部、みんな
≈ 全；全都
quán；quándōu

Dàjiā dōu shì Rìběn liúxuéshēng ba?
大家都是 日本留学生吧？
皆さんは日本の留学生ですよね。

694 [4]
duō (me)
多（么）
なんと
≈ 太
tài

Tā néng cānjiā, duō bù róngyì a!
他 能参加，多不容易啊！
彼が参加できるなんて、珍しいですね！

695 [準4]
duō shǎo
多少
多かれ少なかれ
≈ 多多少少
duōduōshǎoshǎo

Lǎo-Lǐ duōshǎo yǒuxiē bù gāoxìng.
老李 多少 有些 不高兴。
李さんは少し不機嫌だった。

696 [準4]
fēi cháng
非常
非常に
≈ 很；挺；特别
hěn；tǐng；tèbié

Mèimei zuìjìn xuéxí fēicháng nǔlì.
妹妹 最近 学习 非常努力。
妹は最近一生懸命に勉強しています。

697 [準4]
gāng (gāng)
刚（刚）
〜したばかりだ
≈ 才
cái

Tā gāng cóng Rìběn fǎngwèn huílai.
她 刚从日本 访问回来。
彼女は日本を訪れて帰ってきたばかりです。

698 [準4]
gèng (jiā)
更（加）
いっそう、ますます
≈ 越加
yuèjiā

Tā xiànzài gèng zhùyì jiànkāng le.
他现在 更注意 健康了。
彼は今では健康にいっそう気をつけるようになった。

699 [準4]
(yí) gòng
（一）共
全部で、合計

Wǒ jiā yígòng yǒu sì kǒu rén.
我家一共 有四口人。
我が家は全部で4人です。

名詞 動詞 形容詞 副詞

91

700 準4	hái 还	まだ、やはり	Nǐ de zuòwén hái méi xiěwán ma? 你的作文 还 没写完吗? 君の作文はまだ書き終わってないの。
701 準4	hái shi 还是	やはり、相変わらず ≒ 仍然 réngrán	Wǒ háishi qù cānguān bówùguǎn ba. 我 还是 去参观博物馆吧。 やはり博物館を見学しに行こう。
702 準4	hǎo xiàng 好像	まるで～のようだ ≒ 似乎 sìhū	Tā hǎoxiàng bù tóngyì zhège jiànyì. 他 好像 不同意 这个建议。 彼はこの提案に同意しないようです。
703 4	hū rán 忽然	突然、急に ≒ 突然 tūrán	Tā hūrán shuō yào qù Rìběn lǚyóu. 他 忽然说 要去日本旅游。 彼は急に日本へ旅行に行きたいと言った。
704 4	hù xiāng 互相	互いに ≒ 相互 xiānghù	Wǒmen yào hùxiāng bāngzhù. 我们 要互相帮助。 私たちはお互いに助け合わなければなりません。
705 4	jiē zhe 接着	引き続き ≒ 跟着 gēnzhe	Nǐ jiēzhe shuō ba. 你接着说吧。 続けて言ってください。
706 準4	jiù 就	すぐ、すでにもう ≒ 马上；便 mǎshàng；biàn	Wǒmen jiù yào fàng hánjià le. 我们 就要 放寒假了。 もうすぐ冬休みです。
707 4	lìng wài 另外	別に、他に ≒ 此外 cǐwài	Tā lìngwài gěile wǒ yì běn cídiǎn. 他另外 给了我 一本词典。 彼はほかに辞書を1冊くれました。

708 準4
mǎ shàng
马上
すぐ、直ちに
≈ 立即；立刻
lìjí；lìkè

Nǐ děng yíxià, wǒ mǎshàng lái.
你 等一下，我 马上来。
ちょっと待ってください、すぐ行きます。

709 4
nándào(shuō)
难道(说)
まさか〜ではあるまい

Nándào nǐ bù zhīdào ma?
难道 你不知道吗？
まさか、知らないのですか。

710 4
shāo（wēi）
稍(微)
少し、やや

Zhège shāowēi guì yìdiǎnr.
这个 稍微 贵一点儿。
これはちょっと値段が高いです。

711 4
shǒu xiān
首先
まずはじめに、真っ先に
≈ 最早
zuìzǎo

Shǒuxiān yào gǎnxiè nǐ de bāngzhù.
首先要感谢 你的帮助。
まずあなたの助けに感謝します。

712 4
shùn biàn
顺便
ついでに

Wǒ shùnbiàn qù yíxià shūdiàn.
我顺便 去一下书店。
ついでにちょっと本屋へ行きます。

713 4
suí biàn
随便
気軽に

Qǐng suíbiàn zuò.
请随便坐。
どうぞ、ご自由におかけください。

714 準4
tài
太
あまりにも〜
≈ 过于
guòyú

Tā de Hànyǔ tài bàng le.
他的汉语 太棒了。
彼の中国語は本当に素晴らしいです。

715 4
wǎng wǎng
往往
往々にして
≈ 常常
chángcháng

Tā zhōumò wǎngwǎng nǎli yě bú qù.
他周末 往往 哪里也不去。
彼は週末はしばしばどこにも行かない。

716 準4
yí dìng
一定
必ず、きっと
≈ 肯定 kěndìng

Zhè cì dàhuì, wǒ yídìng cānjiā.
这次大会，我 一定 参加。
今度の大会には必ず参加します。

717 4
yíxià (zi)
一下(子)
いきなり、急に
≈ 突然 tūrán

Jīntiān qìwēn yíxià jiàngle hěn duō.
今天气温 一下降了 很多。
今日は気温が急にかなり下がりました。

718 準4
yǐ (jīng)
已(经)
すでに、もはや、もう
≈ 曾经 céngjīng

Gēge yǐjīng dàxué bìyè le.
哥哥 已经 大学毕业了。
兄はもう大学を卒業しました。

719 準4
yì qǐ
一起
一緒に
≈ 一块儿；一同 yíkuàir；yìtóng

Wǒ hé nǐ yìqǐ qù ba.
我和你 一起去吧。
あなたと一緒に行きましょう。

720 準4
yì zhí
一直
まっすぐに；ずっと
≈ 总；始终 zǒng；shǐzhōng

Yìzhí wǎng qián zǒu jiù shì chēzhàn.
一直 往前走 就是车站。
まっすぐ行くと駅です。

721 4
yǒngyuǎn
永远
いつまでも
≈ 永久 yǒngjiǔ

Wǒ hé tā yǒngyuǎn shì hǎo péngyou.
我和他 永远 是好朋友。
彼とはいつまでも良い友達です。

722 準4
yǒudiǎnr
有点儿
ちょっと、少し
≈ 有些 yǒuxiē

Zhè cì yǔfǎ kǎoshì yǒudiǎnr nán.
这次 语法考试 有点儿 难。
今回の文法テストはちょっと難しかった。

723 準4
yǒu shí (hou)
有时(候)
時には
≈ 偶尔 ǒu'ěr

Tā yǒushí lái wǒ jiā wánr.
她有时 来我家 玩儿。
彼女は時々私の家へ遊びに来ます。

724 又 yòu

準4

また、さらに

Zhè cì kǎoshì, tā yòu déle dì-yī.
这次考试，她 又得了第一。

今回の試験で彼女はまた1位になった。

725 再 zài

準4

再び、さらに

≈ 重新
chóngxīn

Wǒmen míngtiān zài tǎolùn ba.
我们明天 再讨论吧。

明日また討論をしましょう。

726 真 zhēn

準4

本当に

≈ 真正
zhēnzhèng

Tā zhēn shì yí ge hǎorén!
他 真是 一个好人！

彼は本当に良い人です！

727 正 zhèng

準4

ちょうど

≈ 正在；在
zhèngzài；zài

Wàimiàn zhèng xià xuě ne.
外面 正下雪呢。

外は雪が降っています。

728 只 zhǐ

準4

ただ～だけだ

≈ 仅（仅）
jǐn（jǐn）

Wǒ zhǐ huì yìdiǎnr Hànyǔ, bú huì Rìyǔ.
我 只会 一点儿汉语，不会 日语。

私は中国語が少しできるだけで、日本語はできません。

729 只好 zhǐ hǎo

4

～するほかない

≈ 只得
zhǐdé

Zhè jiàn shì zhǐhǎo máfan nǐ le.
这件事 只好 麻烦你了。

この件はあなたに頼むしかない。

730 只是 zhǐ shì

4

ただ～だけだ

≈ 只；仅（仅）
zhǐ；jǐn（jǐn）

Tā zhǐshì bù xiǎng dǎrǎo nǐ.
他 只是 不想 打扰你。

彼はあなたを邪魔したくないだけです。

731 终于 zhōng yú

4

ついに、とうとう

≈ 终究；到底
zhōngjiū；dàodǐ

Māma de bìng zhōngyú hǎo le.
妈妈的病 终于好了。

母の病気はついに良くなりました。

732 ④

zǒng (shì)

总(是)

いつも、ずっと

≈一直 ; 老（是）
yìzhí ; lǎo(shì)

Zhè háizi zǒngshì nàme gāoxìng.

这孩子 总是 那么高兴。

この子はいつもうれしそうです。

733 ④

zuì

最

最も、一番

Chángjiāng shì Zhōngguó zuì cháng de hé.

长江是 中国最长的河。

長江は中国で一番長い川です。

734 準④

zuì hǎo

最好

～したほうがよい

Nǐ zuìhǎo hé tā yìqǐ qù.

你最好 和他 一起去。

彼と一緒に行ったほうがいいですよ。

付　録

中国語の方位詞は、存在する場所や移動の方向を表すことばである。
初級段階では、以下のものを覚えておこう。

🔊 95

---

735 ☐

shang

一**上**

上、表面

上面；上边
shàngmiàn；shàngbian

zhuōzishang；shūjiàshang；hēibǎnshang

桌子上；书架上；黑板上

机の上、本棚の上、黒板の上（表面）

---

736 ☐

xià

一**下**

下、下の方

下面；下边
xiàmiàn；xiàbian

dàshùxià；shānjiǎoxià；yǐzixià

大树下；山脚下；椅子下

大きな木の下、山の麓、椅子の下

---

737 ☐

qián

一**前**

前、正面

前面；前边
qiánmiàn；qiánbian

jiǎngtáiqián；dàlóuqián；chēzhànqián

讲台前；大楼前；车站前

教壇の前、ビルの前、駅の前

---

738 ☐

hòu

一**后**

後ろ、後

后面；后边
hòumiàn；hòubian

shānhòu；dàshùhòu；sāntiānhòu

山后；大树后；三天后

山の後ろ、大きな木の後ろ、3日後

---

739 ☐

li

一**里**

中、内

里面；里边
lǐmiàn；lǐbian

fángjiānli；xiāngzili；chéngshìli

房间里；箱子里；城市里

部屋の中、箱の中、町の中

---

740 ☐

wài

一**外**

外、外側

外面；外边
wàimiàn；wàibian

dàménwài；chuānghuwài；shānwài

大门外；窗户外；山外

門の外、窓の外、山の外

---

741 ☐

zuǒbian

左边

左、左側

左面；左侧
zuǒmiàn；zuǒcè

Lǐ lǎoshī zuǒbian；chēzhàn zuǒbian

李老师左边；车站左边

李先生の左側、駅の左側

---

742 ☐

yòubian

右边

右、右側

右面；右侧
yòumiàn；yòucè

Wú lǎoshī yòubian；dàmén yòubian

吴老师右边；大门右边

呉先生の右側、門の右側

---

743 ☐ dōngbian
东边
東、東側
东面
dōngmiàn

xuéxiào dōngbian；chéngshì dōngbian
学校东边；城市东边
学校の東側；町の東側

744 ☐ xībian
西边
西、西側
西面
xīmiàn

shāngdiàn xībian；yīyuàn xībian
商店西边；医院西边
店の西側；病院の西側

745 ☐ nánbian
南边
南、南側
南面
nánmiàn

cāochǎng nánbian；chēzhàn nánbian
操场南边；车站南边
運動場の南側；駅の南側

746 ☐ běibian
北边
北、北側
北面
běimiàn

yóujú běibian；chāoshì běibian
邮局北边；超市北边
郵便局の北側；スーパーの北側

747 ☐ zhōngjiān
中间
真ん中、中央
中央
zhōngyāng

fángjiān zhōngjiān；guǎngchǎng zhōngjiān
房间中间；广场中间
部屋の真ん中；広場の中央

748 ☐ pángbiān
旁边
そば、傍ら
边上；附近
biānshang；fùjìn

shūjià pángbiān；diànnǎo pángbiān
书架旁边；电脑旁边
本棚のそば；パソコンのそば

名量詞 = ものを数える　　🔊 97

749 準4
gè
个
最も一般的な量詞、多くの名詞に用いる。

yí ge rén ; liǎng ge táozi ; sān ge guójiā
一个人；两个桃子；三个国家
1人の人、2つの桃、3カ国

750 準4
běn
本
書物、雑誌などを数える。

yì běn shū ; liǎng běn zázhì
一本书；两本杂志
1冊の本、2冊の雑誌

751 準4
bǎ
把
刀、傘、椅子など柄や取っ手のあるものを数える。

yì bǎ dāo ; yì bǎ yǐzi ; liǎng bǎ yǔsǎn
一把刀；一把椅子；两把雨伞
1本の刀、1脚の椅子、2本の傘

752 準4
zhāng
张
紙、絵、写真や机など平面の部分を持ったものを数える。

yì zhāng zhǐ ; liǎng zhāng zhuōzi ; sān zhāng chuáng
一张纸；两张桌子；三张床
1枚の紙、2つのテーブル、3台のベッド

753 4
gēn
根
棒・柱・縄・マッチなど短い線状になったものを数える。

yì gēn zhúgān ; liǎng gēn shéngzi
一根竹竿；两根绳子
1本の竹ざお、2本の縄

754 4
tiáo
条
河川、道路、縄など細く長く伸びたものを数える。

yì tiáo hé ; liǎng tiáo lù ; sān tiáo kùzi
一条河；两条路；三条裤子
1本の川、2本の道、3本のズボン

755 4
piàn
片
木の葉、花弁や雲、食パンなど平たく薄いものを数える。

yí piàn shùyè ; liǎng piàn yào
一片树叶；两片药
1枚の葉、2錠の薬

756 準4
jiàn
件
衣服や事柄、事件、文書などを数える。

yí jiàn yīfu ; liǎng jiàn shì ; sān jiàn xíngli
一件衣服；两件事；三件行李
1着の服、2つのこと、3つの荷物

757 ☐ ④	shǒu 首	詩、歌、曲を数える。	yì shǒu shī；liǎng shǒu gē **一首诗；两首歌** 1編の詩、2曲の歌
758 ☐ ④	jiā 家	家、商店、企業などを数える。	yì jiā shāngdiàn；liǎng jiā yínháng；sān jiā gōngsī **一家商店；两家银行；三家公司** 1軒の店、2軒の銀行、3軒の会社
759 ☐ ④	suǒ 所	家屋や学校などを数える。	yì suǒ yīyuàn；liǎng suǒ xuéxiào **一所医院；两所学校** 1軒の病院、2軒の学校
760 ☐ ④	kē 棵	木、草などの植物を数える。	yì kē cǎo；liǎng kē shù **一棵草；两棵树** 1本の草、2本の木
761 ☐ ④	kē 颗	種、弾丸、歯、星など比較的小さい球状のものを数える。	yì kē zhǒngzi；yì kē xīngxing；yì kē zǐdàn **一颗种子；一颗星星；一颗子弹** 1つの種、1つの星、1発の弾丸
762 ☐ ④	lì 粒	種、砂、薬など小さい粒状のものを数える。	yí lì zhǒngzi；liǎng lì mǐ；sān lì yào **一粒种子；两粒米；三粒药** 1粒の種、2粒の米、3粒の薬
763 ☐ 準④	zhī 支	筆、ろうそく、線香など棒状のものや歌を数える。	yì zhī qiānbǐ；liǎng zhī gē **一支铅笔；两支歌** 1本の鉛筆、2曲の歌
764 ☐ 準④	zhī 只	鳥、獣、虫や対になるもののうちの一つを数える。	yì zhī lǎohǔ；liǎng zhī shǒu；sān zhī māo **一只老虎；两只手；三只猫** 1匹の虎、2本の手、3匹の猫

765 □ 4	tái 台	機械、車、テレビなどを数える。	yì tái chē ; liǎng tái diànnǎo 一台车；两台电脑 1台の車、2台のコンピュータ
766 □ 4	jiān 间	家屋・建物を数える。	yì jiān wòshì ; liǎng jiān bàngōngshì 一间卧室；两间办公室 1室の寝室、2室の事務室
767 □ 4	tào 套	そろい・セットになったものを数える。	yí tào xīzhuāng ; liǎng tào chájù 一套西装；两套茶具 1着のスーツ、2セットの茶器
768 □ 準4	bēi 杯	コップ、グラスに入った液体を数える。	yì bēi kāfēi ; liǎng bēi jiǔ 一杯咖啡；两杯酒 1杯のコーヒー、2杯の酒
769 □ 4	pán 盘	皿に盛った料理や碁、将棋、テニスのゲームを数える。	yì pán qí ; liǎng pán cài 一盘棋；两盘菜 1局の碁（将棋）；2皿の料理
770 □ 準4	xiāng 箱	箱に入った品物を数える。	yì xiāng shū ; liǎng xiāng píjiǔ 一箱书；两箱啤酒 1箱の本、2箱のビール
771 □ 4	hú 壶	壺に入った液体を数える。	yì hú chá ; liǎng hú jiǔ 一壶茶；两壶酒 ポット1杯のお茶、2壺の酒

772 準4
cì
次
動作、行為の回数を数える。

kànle yí cì diànyǐng ; dǎle liǎng cì diànhuà
看了一次电影；打了两次电话
1度映画を見た、2度電話した

773 準4
huí
回
動作、行為の回数を数える。

qùle yì huí Běijīng ; chídàole liǎng huí
去了一回北京；迟到了两回
1度北京に行った、2度遅刻した

774 4
tàng
趟
移動や往復する回数を数える。

qùle yí tàng yóujú ; huíle liǎng tàng lǎojiā
去了一趟邮局；回了两趟老家
1度郵便局に行った、2度実家に帰った

775 4
dùn
顿
食事・叱責などの回数を数える。

áile yí dùn pīpíng ; chīle liǎng dùn fàn
挨了一顿批评；吃了两顿饭
1度叱られた、2度食事をした

776 4
chǎng
场
上映・試合・試験の回数を数える。

kànle yì chǎng diànyǐng ; xiàle liǎng chǎng yǔ
看了一场电影；下了两场雨
映画を1本見た、雨が2度降った

777 4
xià
下
短い動作・行為の回数を数える。

chále yíxià zìdiǎn ; qiāole liǎng xià mén
查了一下字典；敲了两下门
ちょっと辞書を調べた、2度ドアをノックした

日

qiántiān	zuótiān	jīntiān	míngtiān	hòutiān
前天	昨天	今天	明天	后天
一昨日	昨日	今日	明日	明後日

月

shàng ge yuè	zhège yuè	xià ge yuè
上个月	这个月	下个月
先月	今月	来月

星期

shàng ge xīngqī	zhège xīngqī	xià ge xīngqī
上(个)星期	这(个)星期	下(个)星期
先週	今週	来週

年

qiánnián	qùnián	jīnnián	míngnián	hòunián
前年	去年	今年	明年	后年
一昨年	去年	今年	来年	再来年

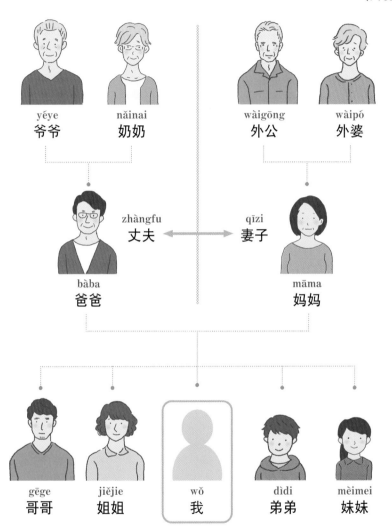

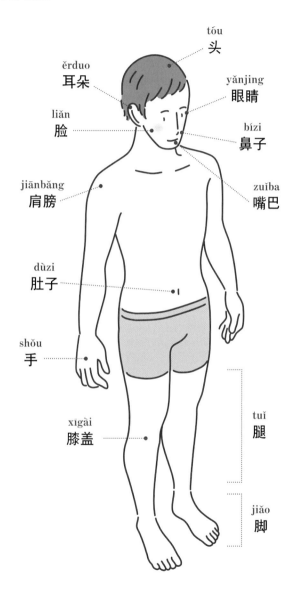

tóu
头

ěrduo
耳朵

yǎnjing
眼睛

liǎn
脸

bízi
鼻子

jiānbǎng
肩膀

zuǐba
嘴巴

dùzi
肚子

shǒu
手

xīgài
膝盖

tuǐ
腿

jiǎo
脚

語彙索引

111

沈国威 (Shen Guowei)

関西大学外国語学部教授。近代語彙史、語彙論、外国語語彙教育が専門。『日中語彙交流史』（1994 笠間書院）、『漢外詞彙教学新探索』（2014 私家版）、『中国語成語ハンドブック』（2014；新装版 2021 白水社）、『中国語学習シソーラス』（2018 東方書店）などの著がある。また『キクタン』中国語シリーズの共同編者でもある。

カバーデザイン　大下賢一郎
本文デザイン　　小熊未央
音声吹き込み　　凌慶成

選抜！中国語単語　初級編

© 2021 年 11 月 1 日　　第 1 版　発行

編者　　　沈国威

発行者　　原 雅久

発行所　　株式会社 朝日出版社
　　　　　〒101-0065 東京都千代田区西神田 3-3-5
　　　　　電話（03）3239-0271・72（直通）
　　　　　振替口座　東京　00140-2-46008

組版　　　欧友社
印刷　　　図書印刷
　　　　　http://www.asahipress.com

乱丁、落丁本はお取り替えいたします。
ISBN978-4-255-01260-5 C1087